떠나라!
청춘아

허주희 지음

진정한 **노블레스 노마드** 를 꿈꾸며…

청춘365

세계는 한 권의 책이다.

여행하지 않는 자는

그 책의 단지 한 페이지만을 읽을 뿐이다.

성 아우구스티누스

펴낸이의 글

몇 년 전 [모터사이클 다이어리]라는 영화를 본 일이 있다. 평소 술친구로 지내는 후배에게서 추천을 받은 것인데, 한참을 잊고 있다가, 어느 날 동네 대여점을 지나다 그 영화의 낡은 포스터가 남아 있는 것을 발견하고는 짬을 내어 찾아서 보게 되었다. 영화는 체 게바라가 20대 때 의대를 다니던 시절 친구와 함께 작은 오토바이를 가지고 남미를 여행하게 되면서 겪은 에피소드와 느낌들을 스치듯이 보여주고 있었다. 여행을 통하여 게바라는 자기가 무엇을 해야 하는지를 깨달았고, 후에 그는 민중의 지도자로 전 세계적인 위인이 되었다.

영화를 다 보고나서 문득 내 스무 살의 시절을 되돌아보게 되었다. 물론 나에게도 여행은 있었지만, 남들 다 가는 휴가성 여행이거나, 남들 다 같이 가는 단체 여행에 불과했다. 어쩌다 있던 개인적인 여행 또한 스트레스 해소용으로 술과 담배에 절은 추억이 아니었던가. 게바라가 슬쩍 부러웠다.

그로부터 몇 년이 흘렀는지 모르는 사이 작가의 원고가 내 손 안에 들어왔다. 글에는 내가 알만한 몇몇 사람들의 여행 이야기와 그것을 통하여 얻게 된 자신의 '일'에 대한 내용이 있었다. 그것도 누구도 부러워하지 않을 행복한 자신만의 일들이었다. 물론 그들 역시 아직도 진행형의 인생이며 앞으로 어떤 다른 일을 선택하게 될지도 모른다. 하지만 하나같이 그들이 말하는 것은, 청춘의 시절에 갔던 여행을 통하여 겪었던 경험이 토대가 되어 현재의 일을 선택했으며 그에 대해 후회가 없다는 것이다. 또 그들이 슬쩍 부러워졌다.

지금 나의 젊은 시절과, 지금의 나의 일을 후회하는 것은 아니다. 분명 나에게도 계기가 된 무엇이 있었고, 그래서 현재 지혜와 정서의 양식을 만드는 일을 하고 있다. 하지만 청춘의 내게도 조금은 다른 방식의 여행이 있었더라면 더욱 만족스러운 내 인생을 살고 있지는 않을까? 하는 아쉬움이 남는다.

아마도 나는 여행을 떠날 것이다. 이전과 같은 방식일 수도, 혹은 다른 여행을 떠날 수도 있겠다. 어쩌면 번거롭고 힘든 여정이 될지도 모르겠다. 그런데 이번에 떠나는 여행은 좀 더 나를 바라보는, 또 내 주위를 바라보는 여행이 될 듯하다. 내 삶이 바뀔 기회나 여지는 아무래도 이전보다 훨씬 적겠지만, 내 일상이 조금은 더 풍성해질 것이란 믿음이 생겼다.

나는 이 책을 조금이라도 더 젊고 어린 독자들이 읽어주기를 권한다. 떠나는 발걸음이 늦을수록 그대들의 놀랍도록 만족스럽고 빛나는 미래의 기회는 적어질 것이다. 분명, 지금 생각하는 미래와는 다른 삶이 그곳에 있을 것이며, 남들과는 다른 인생의 지표가 제시될 것이다.

나는 이제 짐을 좀 챙겨야 하겠다.

2011년 9월 파주에서

차례

3장

경험에도 시기가 있다

4장

21세기 新 귀족 '노블레스 노마드'가 되라

당신이 살아 숨 쉬고 있다는 생생한 느낌, 환희의 순간은 언제입니까?

살면서 문득 생각한다.

어떻게 사는 것이 현명하고 만족하는 삶일까? 아무리 생각하고 고민해도 확실한 답을 찾을 수 없었다. 그러다가 '내 영혼이 더 없이 평화롭고 이보다 더 행복할 수 없다고 느꼈던 순간은 없었을까?' 생각해 보았다. 이런 질문을 던지니, 답은 의외로 쉽게 나왔다.

내가 이 땅에 살아 숨 쉬고 있다는 생생한 기분, 온 몸으로 느끼는 환희의 경험! 그것은 내가 딛고 있는 공간에서 벗어나 새로운 세상을 경험하고 즐겼던 순간이었다. 그 순간에 나는 '내 인생 최고의 기쁨과 행복'을 맛보았던 것이다. 그것은 다름 아닌 '여행'을 통해서다.

벅찬 감동과 환희로 내면이 충만해 있다면, 세상 어떤 탐욕과 욕심은 설 자리가 없다. 사실 지난 20대에 나는 이런 기분을 느끼지 못했다. 모든 것이 서툴고 좌충우돌했던 청춘을 아깝게 흘려보낸 것이 큰 후회로 남는다. 이러한 아쉬움과 후회, 청춘에 대한 미련이, 이 책을 쓰게 된 동기가 되었다.

'노블레스 노마드'.

30대 초반, 이 단어를 접했을 때 마치 내가 오랫동안 찾아 헤매던 인생의 해답처럼 가슴에 다가왔다. 노블레스는 '귀족적'이라는 뜻이고 '노마드'는 유목민(집시)이다. 언뜻 귀족처럼 돌아다니면서 사는 사람? 아니면 실제 귀족 중에서 여기저기 돌아다니는 사람? 이 단어는 어떤 성향을 가진 사람을 말하는 것 같은데, 이런 사람들이 우리나라에 있을까? 상반되어 보이는 두 단어가 결합돼 어떤 시너지 효과를 주고 있을까.

이런 궁금증에서 출발해 나는 실제로 '노블레스 노마드'적인 삶을 사는 사람들을 만나고 싶었다. 혹 이런 사람들을 만나다 보면, 내 인생도 뭔가 숨통이 트이고, 작은 실마리와 해답을 찾지 않을까 생각했다. 그래서 이 책을 기획하게 되었다.

무엇보다 내가 펜을 든 가장 큰 이유는, 지금의 젊은이들이 이 책을 통해서 도전과 용기를 얻고 '노블레스 노마드'로 살아가길 바라는 마음에서다. 우물 안 개구리처럼 살았던, 지난 내 청춘이 무척이나 안타까웠기에, 지금의 청춘들이 동기를 부여받고 일찍 깨닫기 바라는 마음이 간절했다. 만약 시간을 되돌려 청춘의 한 시기로 돌아갈 수 있다면 나는 진정 '노블레스 노마드'가 될 것이다.

'내가 20대일 때 이런 책이 나왔더라면, 어쩌면 나는 우물 밖을 벗어나 삶을 더 진취적으로 살지 않았을까'하는 아쉬움이 있다. 그래서 지금, 이 시대의 젊은이들에게 감히 조언한다.

"이 땅의 청춘들이여! 세상 밖으로 나가라!"고.

이 책이 청춘의 혁신적인 라이프스타일을 제안하고 동기를 부여하지만, 결국 실천은 스스로가 해야 할 몫이다. 늦었지만 나는 '노블레스 노마드'를 꿈꾼다. 이 책이 나오고 나면 홀가분한 마음으로 하나씩 실천하려고 한다.

이 책이 나오기 까지 오랜 시간이 걸렸다. 그동안 도움을 주신 많은 분들께 머리 숙여 감사드린다. 아직 갈 길이 멀지만 글 쓰는 모든 작업은 하나님께서 내게 선물한 달란트이다. 그래서 더욱 귀한 사명감으로 열심히 써 나갈 것이다. 앞으로도 내가 가진 달란트를 우리 사회에서 값지고 의미하게 쓰고 싶다.

2011년 가을, 서울 삼각산이 보이는 작업실에서 허주희

젊음의 묘약,
인생 최고의
가치를 찾아라!

지금 내 인생에서 '우선 순위'는 무엇일까.

일, 직업, 사랑, 돈, 행복, 건강, 자유, 성공, 명예?

내 영혼을 사로잡는 것, 나를 온통 지배하는 것은 무엇일까. 아무리 생각해도 딱히 정답을 찾을 수 없다. 그러다가 내 지난 20대를 돌아봤다. 나는 청춘의 한 시기를 충만하게 즐겼는가, 과연 후회 없는 젊음을 보냈는가?

흔히 20대로 일컬어지는, 젊은 시절을 보낸 사람들은 안다.

인생에서 가장 찬란하지만 방황과 혼돈이 점철된 시기였다는 것을. 피 끓는 젊음의 열정만큼 넘치는 의욕과 자신만만한 패기가 있었지만 무엇을 해도 속 시원한 해답을 찾을 수 없던 시간들. 그래서 사람들은 지나간 시절을 후회하고 아쉬워하는 것이 아닐까.

듣기 만해도 벅찬 이름이, 청춘이다. 하지만 지금 대한민국의 청춘들은 어떤가. 찬란한 시간과 핑크빛 미래를 꿈꾸지만 현실은 호락호락하지 않다. 정해진 것은 아무것도 없는 불확실성 속에 미래는 불투명하다. 청춘은 그 이름만 화려할 뿐 아무것도 보장돼 있지 않고 불안하다. 어디서부터 어떻게 시작해야 할지, 막막하기만 하다. 현실의 두꺼운 장벽에 막혀 사회에 첫 발을 내딛기도 힘들다. 사회인으로 나서려고 하는 순간부터 청춘은 중심을 못 잡고 비틀거리기 시작한다.

'청년 실업', '88만원 세대'라는 말이 유행하는 암울한 현실. 요즘 청춘들의 슬픈 자화상이다.

버거운 현실 앞에서 흔들리는 청춘들을 바라보는 기성세대의 마음도 편치 않다. 어떻게 해야 그들에게 위로가 되고 도움이 될 수 있을까. 해결 방법은 무엇일까? 그저 가만히 지켜봐야 하는 것일까. 내 지난 청춘을 돌아봤을 때 불안한 미래에 대한 막막함은 지금과 크게 다르지 않다. 그런데 지금의 청춘들은 경제적인 어려움으로 더욱 힘들고 고된 현실에 놓여 있는 듯하다.

천만 원이라는 돈이 우습게 여겨질 정도로 치솟는 대학 등록금과 몸 하나 편히 뉘일 방 한 칸 마련하기 힘든 전세난에 청춘들은 운다. 꿈을 펼치기도 전에 막막한 현실 앞에서 무기력하게 무너진다. 비싼 등록금 마련하랴, 월세 돈 마련하랴, 학생 때부터 생활 전선에 내몰린다. 최저 임금인 시간당 4천 원 대의 아르바이트 하느라 학업은 소홀하게 되고, 치열한 취업난 속에 내세울만한 학점이나 스펙이 없으니 취업은 매번 좌절되고, 그렇게 악순환은 계속된다. 아무리 발버둥쳐도 늘 제자리이고, 도무지 희망이 보이지 않는다. 일부 계층을 제외하고, 지금 대한민국 청춘들이 맞닥뜨린 현실이다.

불안한 미래에 저당 잡힌 채 하루 벌어서 먹고 사는 암울한 삶. 가장 찬란해야 할 청춘이 가장 가혹한 현실 속에서 허우적거리고 있다. 과연 이대로 사는 것이 옳은가? 내가 진정 가야 할 길은 무엇인가? 삶의 고비 고비, 마지못해 사는 것은 아닐까. 버거운 이 현실에서 탈출할 수 있는 길은 진정 없는 것일까.

필자는 이 시대 멘토의 심정으로 청춘들에게 고하고 싶다.

청춘은 청춘일 때만 가장 아름다우니, 지금부터 현실을 탈피하라고! 청춘의 한 때가 지나가면 소용없으니, 바로 지금 실천해야 한다고! 대한민국 청춘들에게 고하고자 한다. 사회 구조와 관습에 얽매이지 말고, 자기만의 삶을 개척하자.

20대는 30, 40대 이후의 삶을 준비하는 세대가 아니다. 말 그대로, 청춘이다. 자신의 꿈과 이상을 향해 날개를 활짝 펼치는 시기다. 무모한 도전이나 엉뚱한 상상, 치기어린 열정 등 모든 것이 용서되는 시기다.

그러니 무엇을 망설이는가. 지금 내 인생의 묘약을 찾아야 한다. 이것이야 말로 청춘을 청춘답게, 가장 찬란한 젊음의 한 시기를 보낼 수 있는 '최고의 가치'인 것이다.

그렇다면 젊음의 묘약이자, 인생 최고의 가치는 무엇일까. 20대는 막연한 성공을 향해 달려가는 시기가 아니다. 미성숙된 청춘의 자아는, 만만치 않은 현실의 벽에 부딪혀 좌절하고 끝내는 젊음을 낭비하고 만다. 청춘은 오로지 자신의 꿈과 이상을 향한 질주가 있을 뿐이다. 이것이 청춘의 특권이자, 이 책에서 말하고자 하는 화두이다.

꿈을 향한 청춘의 끝없는 도전과 질주! 그것은 바로 '경험'이다.

‘세계’라는 인생의 백화점을 돌아다니면서 수없이 경험하고 젊은 열정을 소모하라! 그것이 가장 아름답고 찬란한 청춘, 열정으로 끓어오르는 20대를 후회 없이 보내는 가장 훌륭한 방법이다.

필자는 이 시대를 사는 청춘들의 인생 묘약으로 ‘노블레스 노마드’를 들고 나왔다. 지금의 젊은이들이 꼭 도전하고 실천해야 할 가치이자, 화두이다. 두 번 다시 오지 않는 청춘을, 가장 찬란하고 후회 없이 보내는 비장의 묘책! 그것이 바로 ‘노블레스 노마드’이다.

어떤 부자도 부럽지 않은 젊은 날의 귀족 인생

지나온 인생을 100% 만족할 수 없지만, 어떤 부자도 부럽지 않은 귀족처럼 살 수 있는 인생은 분명 있다. 물론 재벌이나 부자로 태어나지 않아도 된다. 넉넉치 않은 집안에서 태어났어도 충분히 가능하다는 말이다. 이것은 오로지 본인의 의지와 열정에 달려 있다.

단 여기에 단서가 하나 붙는다. 그것은 꼭 청춘(20대~30대)이라야 가능하다. 이 시기를 놓치면, 돌이킬 수 없는 지나간 과거가 될 뿐이다. 그래서 이 책은 이제 막 성인이 된 20살부터 30대를 넘지 않은 젊은 세대를 대상으로 하고 있다.

'성공'이 아닌 '경험'으로 채우는 젊은 날

사람의 일생을 시기별로 나눠볼 때, 가장 소중한 시기는 언제일까. 가장 영원하고 싶고 빛나는 시기, 그 존재감만으로 찬란한 시절은 누가 뭐래도 20대 청춘이다. 하지만 가장 찬란한 시기임과 동시에 정체성의 혼란과 가치관의 부재로 방황하는 시기도 이때다. 그래서 사람들은 30대가 되고 40대, 50대가 되어서야 비로소 지나간 시절을 후회한다. 그때는 아마도 '내 청춘을 돌려줘'라는 말이 가슴 속에서 절절히 울릴지 모른다. 그런데 이와는 반대로, 100% 후회 없는 청춘을 보낸 경우가 있을까? 또는 "내 젊은 시절은 행복으로 충만해서 후회 따위는 없어."라고 당당하게 말할 수 있는 사람이 있을까? 이러한 궁금증과 호기심에서부터 책을 쓰기 시작했다.

"저는 젊음을 있는 그대로 즐기고 있습니다. 눈물 날 정도로 지난 시절이 행복했고 후회가 없습니다. 나이 먹는 것이 즐겁고 앞으로 펼쳐질 나날들이 무척 기대 됩니다."

진정으로, 필자는 이런 사람을 만나고 싶었다. 그들은 과연 어떤 사람일까? 그들은 청춘을 어떻게 보냈고, 또 현재 어떤 인생을 살고 있기에, 이토록 당당하고 달관된 마음일까? 자신이 좋아하는 일을 원 없이 하는 사람일까? 또는 직장에서 능력을 인정 받고 승승장구하는 사람일까? 아니면 오랜 고생 끝에 돈과 명예를 거머쥔 사람일까?

연봉이 적어도 진정 좋아하는 일을 하면서 보람을 느끼는 사람이 있는가 하면, 억대 연봉을 받지만 일에 치이면서 하루하루 스트레스를 받고 사는 사람이 있다. 이 둘 중에서 당신은 누가 성공적인 삶을 살고 있다고 생각하는가?

열심히 노력해서 이르면 30대, 아니면 40대, 50대가 되어 남들이 인정하는 성공을 거두었다고 치자. 요즘엔 20대에도 이런 성공을 거둔 사람이 많다. 그렇다면 그때 가서는 이만큼 성공을 했으니 이제는 일할 필요 없다고 벌어놓은 돈이나 펑펑 쓰면서 살 것인가? 아니면 앞만 보고 고생했던 젊은 시절을 보상하듯 해외여행이나 다니면서 여생을 보낼 것인가?

여기서 '여행'이라는 단어에 주목하자. 만약 여행이, 돈 다 벌어놓고 넉넉하게 살만하다고 느낄 때 그때서야 하는 것이라면 그것은 이미 여행이 아니다. 여행은 나이 들어 늘그막에 하는 것이 아니라, 20대 청춘이 해야 하는 것이다. 20대인 당신이 '지금은 빨리 취직해서 돈 벌고 자리 잡아야 하니, 여행은 그 후에 가도 늦지 않다.'고 생각할지 모르겠다. 사람은 일생토록 일하는 데에 길들여졌기 때문에 어느 순간 삶을 변화시킨다는 것은 매우 어렵다. 대게 그런 인생을 살아 온 사람들은 아무리 나이가 들어도 건강만 허락한다면, 일에서 손을 놓지 못하기 마련이다. 습관이 무서운게, 자신이 어떤 환경에 길들여져 있으면, 어느 날 갑자기 그 생활에 변화를 주거나 바꾸지 않는다는 점이다.

인생을 통틀어 가장 황금 같은 시기인 20대를 취업 준비나 스펙 쌓기에 매달리는 것이 정답일까?

사람의 수명을 평균 80살로 잡더라도, 청춘은 한때 스쳐가는 짧은 시기다. 사람의 인생에서 가장 찬란한 그 시절을, 막연한 성공을 위해 여유 없이 아등바등 사는 것이 나을까. 아니면 넓은 세상 밖으로 나가 알찬 경험을 차곡차곡 쌓으면서 향후 진로를 모색하는 것이 좋을까.

청춘에게 성공의 의미는 다르다. 그것은 사회적으로 인정받고 남들이 부러워하는 '외적인 성공'이 아니라, 자신에게 인정받고 스스로 만족하는 '내적인 성공'이다. 그렇다면 이런 '내적인 성공'의 핵심은 무엇일까.

세상 밖으로 '나'를 던져라!

지난 20대를 돌아보면 필자 역시, 세속적인 성공을 위해 수많은 방황과 혼돈의 시간을 보냈다. 이는 비단 필자뿐 아니라, 젊은이라면 누구나 겪는 일종의 '정체성의 혼란'이다. 요즘 젊은 세대들은 지난 세대가 거쳐 간 전철을 밟지 않기 바란다.

좋은 회사에 취직하고 출세하기 위해 밤낮없이 도서관이나 고시원에서 살지 않는지, 혹은 빨리 올라서기 위해 일 중독자로 살고 있지 않은지 돌아보자. 잡히지 않는 막연한 성공을 위해 가장 찬란한 시기를 좁은 방에 갇혀 허송세월 하지 말자.

이는 진정으로 자신을 위한 것이 아니라, 남들에게 보여주기 위한 인생일 뿐이다. 그것만이 '미래를 위한 준비'라고 한다면 청춘다운 발상이 아니다. 청춘은 자신이 인생의 주인공이다. 성공과 출세를 위해 청춘을 저당 잡히는 일은 그만두자. 경쟁에서 이기기 위해 앞 뒤 안 가리는, 소모적인 열정은 그만두자.

청춘은 끝없이 도전하고 영혼을 자유롭게 즐길 때 가치가 있다. 세상을 향한 도전과 모험을 즐기면서 청춘을 청춘답게 보내야 한다. 세상 밖으로 '나'를 내던져야 하는 이유다.

가만히 어릴 적 꿈을 생각해보자. 막연하게나마 미지의 세계를 꿈꿔 봤을 것이다. 저 밤하늘의 별 끝에는 뭐가 있을까. 지구 반대편 나라에는 어떤 사람들이 살고 있을까. 끝없이 상상의 나래를 폈을 것이다. 하지만 상상 속에만 가둬두면 공상이 된다. 그 상상의 나래를 현실에서 펼치는 사람만이 세상과 만날 수 있다. 세상 밖에 '나'를 내던졌을 때, 진정한 '내 모습'을 발견할 수 있다. 시야가 넓어지고 감성은 풍부해지면서 성숙한 인격체로 거듭날 수 있다. 미지의 세상을 탐험하고 싶은 충동은 매우 강렬하고 유혹적이다. 망설이는 것은 젊음이 아니다. 가슴에 느낌이 왔다면, 내 열정이 주체할 수 없다면, 주저 없이 떠나라. 나중에 성공해서 경제적인 여유와 시간이 있을 때 떠나는 것이 아니다. 뭐든지 할 수 있는 자신감으로 충전되고, 패기와 열정이 넘치는 시기, 즉 피 끓는 20대에 해야 한다.

세 청년의 도전, 모두를 살리는 희망 여행을 꿈꾸다

1998년 5월의 어느 밤. 스물한 살 동갑내기 프랑스 청년 셋이 기숙사 옥상에서 맥주를 마시면서 앞날을 이야기하고 있었다.

"별빛이 참 포근하다."

"칠레나 몽골, 말리에서 보는 밤하늘도 이럴까?"

그때 누군가의 입에서 이런 말이 터져 나왔다.

"그래, 우리 셋이 세계 여행을 떠나는 거야!"

밤하늘의 별빛을 바라보면서 졸업 후 앞으로 무엇을 할지, 서로의 꿈에 대해 이야기하던 이들. 세 친구는 리오넬 오귀스트, 올리비에 프뤼쇼, 토마 가이.

나이와 학교가 같은 것 외에도 이들의 공통점은 또 하나 있었다. 바로 기숙사 방에 걸려 있는 세계 지도와 세계 여행 가이드북 '론리 플래닛'. 그들은 그렇게 마음속에만 품고 있던 세계 일주의 꿈을 실현하기로 의기투합한다.

"하지만 평범한 여행이어서는 안 돼. 그렇다면……."

이들이 선택한 것은, 세계 곳곳의 자연 지대와 환경 보호의 현장을 찾아다니는 '배우는 여행', 즉 '생태 여행(에코 투어)'이었다.

열띤 토론을 거쳐 여행의 주제를 '환경'으로 정한 뒤 자료를 조사하고 후원자를 구하고 여행 계획을 수립하는 등 2년간의 준비 작업을 거쳐 2001년 8월, 드디어 '에코 투어'를 시작했다.

낡은 도요타 4륜구동 차에 '에코토이'라는 이름을 붙이고는 힘차게 첫 시동을 걸었다. 프랑스를 떠나 모로코와 동아프리카, 대서양을 건너 아마존과 멕시코, 미국을 거쳐 싱가포르·태국·라오스·중국과 몽골을 돌아 시베리아를 횡단하고 돌아오는 세계 일주는 그렇게 시작되었다.

"여행은 마술이다. 평범한 일상을 아주 풍부하고 강렬한 경험으로 바꾸어 놓는 힘이, 여행에 있다. 사막 한 가운데로 들어서며 나는 마침내 인생에 부여하고픈 의미와 자신이 일치된다는 느낌에 위안 받았다. 자연을 해치지 않으면서도 자연을 발견하고 동물에게 피해를 주지 않으면서도 동물에게 다가가는 것이야말로 생태 여행의 원칙이다."

장장 400일 간의 세계 일주는 좌충우돌이었지만 세 청년에게 이 여행은 다른 어떤 체험으로도 얻을 수 없는 소중한 깨달음을 안겨주었다. 무자비한 벌목으로 음식 값보다 연료 값이 비싸게 된 부르키나파소에선 아프리카의 암담한 현실을 보았고, 아마존에선 1초마다 축구장만한 숲이 사라지고 있다는 사실도 알았다.

청년들은 "그래도 우리들은 지구에서 희망을 발견했다."고 말한다. 태양열판 축전지를 통해 가뭄과의 싸움에서 이기고

있던 말리의 베르스피렌 신부처럼, 지구 곳곳에는 열정으로
똘똘 뭉친 '환경 파수꾼'들이 버티고 있었다고 한다. 그들은
"전기와 물을 마음껏 쓸 수 있고, 쓰레기를 내놓으면 말끔히
수거해가는 도시 생활이 실은 얼마나 사치스런 것인가를 깨달
았다."고 말한다.

　　여행은 유쾌하고 감동적이었지만 늘 순탄하지는 않았다. 대
륙을 이동하느라 에코토이를 선적했다가 행정 착오로 엉뚱한
곳에 도착하는 바람에 시간을 허비하기도 했고, 국경을 넘을
때마다 돈을 요구하는 세관을 상대로 만만치 않은 전투(?)를
치르기도 했다. 사막의 모래나 진창에 빠진 자동차를 꺼내기
위해 몇 시간씩 고군분투하였고, 깜깜한 숲에서 차가 고장으로
멈춰버리기도 했다. 리오넬은 갈비뼈가 부러지고 폐에 구멍이
나는 큰 부상을 당하기도 했다. 하지만 이들은 여행을 멈추지
않았다. 특유의 낙천적인 기질로 난관을 가볍게 넘어섰으며
무엇보다 자신들의 여행 목적인, 환경 문제에 대해 열성을 보
였다.

　　이들이 여행을 떠나기 전에는 그저 전도유망한 평범한 청년
들이었지만, 에코 투어를 다녀 온 후 이들의 인생관도 변화되
었다. 30대가 된 이들은 현재 연극배우, 환경 관련 일 등 각자
의 자리에서 열심히 생활하고 있다. 또한 에코 투어의 체험을

담아 펴낸 책은 여러 나라의 언어로 번역되었으며, 이들은 책 수익금의 4분의 1을 환경 단체에 기부하고 있다. 꿈을 단지 꿈으로 그치지 않고 현실로 실행한 청춘들. 뭐든지 도전하는 패기와 용기는 청춘만이 갖는 특권이다.

오지여행가에서 긴급구호 팀장으로 변신한 한비야 씨

국제 홍보회사의 커리어우먼으로 일하다가 어린 시절 '걸어서 세계 일주'의 꿈을 실현하기 위해 사표를 던지고 여행길에 오른 여자. 그 후 7년에 걸쳐 이루어진 세계 오지 여행. 그가 쓴 [바람의 딸, 걸어서 지구 세 바퀴 반(전 4권)]은 세계 여행을 꿈꾸는 사람들에게 교과서 같은 책이 되었다. 그가 바로 '바람의 딸'에서 월드비전 긴급구호 팀장, 또 새로운 세계에 도전하고 있는 한비야 씨다.

예전에 사람들은 신기하다는 눈으로 그를 바라보았다. 서른다섯 살 먹은 처녀가 혼자서 세계여행을 하겠다며, 잘 다니던 회사에 사표를 냈을 때 모두들 그를 이상한 사람으로 생각했다. 당시 그를 별종으로, 딴 세상 사람으로 취급하던 시선이 10년이 지나자 달라지기 시작했다. 세대가 바뀌고 사회가 성숙해가면서 오히려 그는 시대를 앞서가는 사람이 되었다. 특히 젊은 층의 지지와 응원은 무엇보다 큰 힘이 되었다고 한다.

세계 여행을 마치고 돌아온 그에게 사람들은 또 물었다. "재미있는 세계 여행이나 계속하지, 왜 힘든 긴급구호를 하느냐"고. 한비야 씨가 세계 여행을 통해 깨달은 것은, 세상은 더 이상 먹고 먹히는 정글의 법칙만으로 돌아가지 않는다는 사실이다. 그리고 이제 자신의 가슴을 뛰게 하고 피를 끓게 만드는 일을 하는 것이 얼마나 행복한 일인지 온 몸으로 보여준다.

"7년 동안 오지 여행을 하면서 여행이 끝나면 난민 돕는 일을 하게 되기를 간절히 바랐다. 설사같이 시시한 병으로 죽어가는 아이를 살리는 데 필요한 건 링거 한 병이고, 그 한 병이 단돈 8백 원이라는 사실을 오지 여행을 하지 않았다면 어떻게 알 수 있었을까. 그때의 나로서는 안타깝게 바라보는 것 외에는 할 수 있는 일이 없었다. 그러나 아프리카와 중동으로 계속 여행을 하면서 그런 아이들을 직접 돕는 사람과 단체를 보았고, 그 일에 조금씩 마음이 끌리기 시작했다. 국제 홍보학을 전공했으니 이런 딱한 현실에 대해 까맣게 모르는 사람들에게 최소한 이 사실을 알리는 일은 할 수 있지 않을까, 라는 생각이 들었다."

그는 긴급 구호 일을 시작한 이후, 진정 가슴이 떨리는 순간을 찾아 매분 매초를 진정으로 행복하게 살고 있다고 한다. 적당히 현실과 타협하면서 사는 것이 아닌, 진정 자신의 가슴을 뛰게 하고 피를 끓게 만드는 이 일이 자신을 가장 행복하게 한다고 말한다.

그는 한국의 젊은이들에게 많은 기대를 걸고 있다. 그들은 가능성이 무궁무진하다고 생각한다. 젊은이들이 그 가능성을 버리지 않았으면 하는 바람이다. 또한 새장 안에만 갇혀 있지 말고 자신의 꿈을 멀리 훨훨 펼치길 바란다. 새장 안은 안락하지만 반면에 날 수 있는 날개가 퇴화되기 때문에 도태된다고 말한다. 세상 밖의 두려움을 벗어던지고, 새장 밖을 훨훨 날면 세상의 많은 것을 얻을 수 있다고 말한다. 자신이 경험한 바, 세상은 생각만큼 두렵지 않으며 우리가 알지 못하는 흥미진진한 이야기를 가득 안고 있다는 것이다.

우리나라 여대생이 닮고 싶은 사람 1위이며, 많은 젊은이들의 롤모델이기도 한 한비야 씨. 오지여행가에서 월드비전 긴급구호팀장, 그리고 현재 자유 여행가이자, 강연자, 작가로서 50대의 나이에도 지치지 않은 열정과 도전의 삶을 이어가고 있다.

이 두 가지 사례에서 여러분은 무엇을 느꼈는가?

젊은 날의 도전, 그것은 때론 무모하지만 젊기 때문에 가능한 일이다. 밤하늘의 별빛을 보면서 미지의 세계를 꿈꾸고 그

것을 감행할 수 있는 용기. 그것은 피 끓는 청춘이기에 가능한
것이다. '왜 힘들게 고생하느냐.'고 주변 사람들이 뭐라고 해
도 개의치 않고 꿈을 향해 당당히 도전할 수 있다. 젊음과
자유, 패기는 언제 어디든 떠날 수 있는 원동력이 된다.

결혼도 안 한 서른다섯 여자가 혼자서 감행한 세계 일주.
잘 나가던 직장에 사표를 내고 7년 동안 세계 구석구석 오지를
찾아다닌 한비야 씨의 이야기는 이제 그리 특별하고 새로운
이야기도 아니다. 하지만 그의 이야기가 알려진 후, 많은 젊은
이들이 세계 여행을 단지 꿈으로 남기지 않고 적극적으로 나서
서 실현했다. 세계 여행 경험은 자신이 앞으로 해야 할 방향을
가늠하게 하고 '자신이 진정 하고 싶은 일'을 찾게 한다는 것이
다. 한비야 씨는 세계 여행 이후, 자신이 진정 해야 할 일을
찾았다. 그것은 자신의 가슴을 뛰게 하고 피를 끓게 만들며
자신을 가장 행복하게 만든다는 긴급구호 일이었다. 7년간의
세계 오지 여행을 통해 진정으로 자신이 해야 할 일이, 세상에
소외된 난민들을 사랑으로 돕는 일이라는 것을 깨달았다.

그리고 늦었다고 생각할 때가 가장 빠르다는 것이다. 한 살
이라도 젊을 때 부딪히고 도전하라. 20대는 늘 도전하는 인생
이어야 한다. 그 도전은 학업과 취업에 목숨 거는 도전이 아니
라, 넓은 세상을 향해 질주하는 도전이다. 젊음은 도전의 연속

이다. 그런 도전 정신과 실천이 자신을 성장시키고 청춘을 찬란하게 빛낼 것이다.

젊음이 무엇인가? 그것은 피 끓는 용기와 도전, 그리고 뭐든지 해낼 수 있는 자신감으로 뭉쳐 있는 시기다. 이런 시기에 노년에나 보냄직한 편안한 생활을 고집한다면 '젊음'이라고 할 수 없다.

인생 최고의 기회, 기다리지 말고 만들어라

흔히들 '기회가 올 때 잡아라!'라고 한다. 하지만 청춘은 기회를 기다리지 말고 만들어야 한다. 남들이 만드는 기회를 잡을 게 아니라, 자신이 직접 기회를 만들라는 것이다. 여기서 기회란, 남보다 높이 올라서기 위한 수단이 아니라 자신에게 온전히 투자하는 '시간'이다. 특히 20, 30대는 성과나 성공이 아닌, '자기 계발'로 승부를 걸어야 한다. '자기 계발'은 사회 조직이나 타인에 의한 수동적인 삶이 아니라, 스스로가 개척하고 도전해서 이루는 삶이다.

오늘도 열심히 일하고 땀 흘리는 현대인들. 청춘을 고스란히 회사에 바치면서 일하다가 어느 새 중년이 되고 최고의 자리에 오르면서 부와 명예를 맛보기도 한다. 하지만 50대가 되면서부터 분위기가 이상하게 흐른다. 아직 창창하게 일할 수 있지만 주변 상황은 '이제 그만 쉬라'고 종용한다. 100살까지 산다는 고령화 시대인데, 50대에 일을 접어야 한다면 남은 긴 세월 동안 뭘 하면서 살아야 하나? 누구보다 열심히 살았다고 자부하지만 어느 순간, 그것이 전부가 아님을 깨닫는다. 세상은 자신의 의지와는 상관없이 변하고 돌아간다. '이게 아닌데…'

라고 생각하지만 이미 때는 늦다. 젊은 시절, 일만 하다가 50세가 넘으면서 더 이상 일할 수 없을 때, 그때서야 지나온 인생을 돌아보게 된다. 젊을 때는 몰랐는데, 나이가 들면서 '내 인생이 이런 식으로 돌아가는 것'에 후회가 밀려온다.

원인은 여기 있다. 세상은 빠른 속도로 변해가고 있는데 자신은 늘 제자리에 머물러 있기 때문이다. 세상의 변화를 따라가지 못했을 뿐더러 자신도 변해야 한다는 필요성을 못 느끼는 것이다. 즉 시대를 앞서가는 자각 의식 없이, 그저 물 흐르듯 세상과 적당히 타협하며 살아왔다. 그리고 어느 시점에 이르러 알맹이는 없고 빈껍데기뿐인 자신을 발견한다. 하지만 돌이키기엔 늦었음을 깨닫는다. 한 번 지나간 시절은 돌아오지 않기 때문이다.

그래서 젊을 때, 인생의 알맹이를 차곡차곡 채워야 한다. 그 알맹이라는 것은, 끊임없이 자신을 계발하면서 내재된 가능성을 발견하는 것이다. 그러기 위해서는 좁은 새장에서 벗어나 넓은 세상 밖으로 나를 던져야 한다. 중요한 것은 '젊은 날 후회 없도록', 바로 20대에 해야 한다는 것이다.

넓은 세계를 경험하면 그동안 몰랐던 '나', 객관적인 '나'를 자각할 수 있다. 여행에서의 '자기 발견'은 삶의 무한한 가능성과 가치를 선사한다. 진정으로 자신이 원하는 미래의 모습, 앞으로 무엇을 하고 싶은지 알고 싶다면 당장 배낭을 꾸려서 떠나라. 남부럽지 않은 귀족 인생이 따로 있는 게 아니다. 인생 최고의 기회를 잡는 것, 귀족 같은 삶을 영위하는 것은, 본인이 실천하기 나름이다.

트렁크 가방을 들고 전 세계 돌며 행복을 전파하다

프랑스 잡지 '코스모폴리탄' 등 외국 언론에 '동양의 신비스러운 요가 강사'로 소개되기도 한 서양화가 곽세라 씨. 그는 휴양리조트 체인인 클럽메드의 요가 강사로 있으면서 트렁크와 손가방 하나만 들고 전 세계를 돌아다닌다. 그는 3H가 없다고 한다. 즉, 집Home이 없고, 애인Honey이 없고, 그 흔한 핸드폰 Handphone도 없다는 것이다. 그녀는 "소유하지 않는 게 얼마나 행복한지 깨닫고 있다."고 말하는 '신세대 무소유 철학자'이다.

곽세라 씨는 2001년에 피트니스 강사로 클럽메드 생활을 시작했지만, 저녁 스트레칭 프로그램에 스스로 개발한 요가 프로그램을 도입해 선풍적인 인기를 끌었다. 그의 프로그램에 들어오려는 손님들이 줄을 섰고, 이에 놀란 클럽메드가 그를 요가 강사 1호로 인정했다.

숙식과 비행기 표를 제공받지만 사실상 자원봉사자에 가까운 GO Gentle Organizer·휴가 프로그램 리더 신분이기에 보수는 많지 않다. 한국에서 잘나가는 광고 카피라이터였던 그는 인기 광고 카피와 여러 개의 광고상도 받았지만 어느 날 '갇혀 있다'는 생각이 들었다고 한다. 그리고 새롭게 뉴밀레니엄을 맞겠다는 꿈을 실현하기 위해 1999년 회사를 그만두고 인도 정부의 문화교류장학생ICCR 프로그램으로 델리대로 유학을 떠났다. 그러나 학교 수업보다는, 인도의 정통 요가와 춤, 태극권, 명상 등에 빠졌고, 귀국해서는 클럽메드 GO가 됐다.

그는 매우 열성적인 강사다. 열두 살까지 미국에서 자라 영어는 기본이고, 일본에도 자주 들러 일어도 원어민 수준이다. 클럽메드에 들어온 후 본사가 있는 프랑스에서 6개월간 불어를 배웠고, 중국 손님들과 중국 출신 GO들을 쫓아다니며 중국어도 배웠다. 영어를 몰라 그의 프로그램에 들어오기를 주저하던 중국인들이 그가 중국어로 요가 수업을 하자 무척 좋아했다고 한다.

"세계 여러 사람들과 대화를 나누고 친구가 되는 게 너무 행복해서 나에게 돈은 별 문제가 되지 않아요. 아프리카에까지, 전 세계에 친구들이 많이 있으니 나에게는 그들이 가장 큰 재산입니다. 아마 돈 한 푼 없이 세계를 돌아다녀도 몇 년은 버틸 수 있을 거예요. 가방 두 개뿐인 길 위의 인생이지만 재산은 엄청난 셈이죠."

현재 그는 세계 곳곳을 다니면서 행복 메신저로 활약하고 있다. 일본에서는 '행복한 코스모폴리탄'이라는 주제로 강연회를 열고 있다. 1부는 자신의 이야기, 2부는 함께 몸을 움직이며 명상하는 시간을 갖고 있다. 그는 "이제 일본인들도 일본인보다는 세계인이 되고자 하는 욕구가 강하게 드러나고 있다."면서 "국경과 나이, 종교를 초월한 노마드적인 삶이, 글로벌한 트렌드로 떠오르고 있다는 증거"라고 말한다. 그리고 그는 예술의 도시, 동경에서 독학으로 일러스트를 공부하고 있다. 일상의 경험을 글로 쓰고, 그림을 그리고, 노래를 하고, 춤을 추듯이 삶의 다양한 날들을 경험하면서 사는 것이 곽세라 씨의 가장 큰 소망이다. 그는 자신의 소망을 착실하게 실현하고 있는 셈이다. 자신의 자유로운 영혼을 발산하면서 세계를 무대로 자신의 인생 드라마를 연출하고 있는 것이다. 자신의 소망을 한정된 곳에서 펼치는 것이 아니라, 발길이 닿는 대로 마음이 끌리는 대로 세계 곳곳에서 실천하고 있는 셈이다.

"성공이란 '내가 있어야 할 곳에 있다는 느낌'이라고 생각합니다. 거대한 우주의 계획과 나의 계획이 맞아 떨어져서 털끝만큼의 불안도, 의심도 없는 상태가 그런 날들이죠. 그 상태에 있으면 근심도, 시간도 잊어버리게 되고 오로지 살아 있는 것이 감사하고 황홀한 느낌이 들지요. 금메달을 목에 걸고 올림픽 시상대 위에 올라선 선수 같은 기분이랄까요? 바로 그러한 순간이 성공이라고 생각합니다. 제가 지금 얻은 성공도 바로 그런 것입니다. 사회적 기준으로 보기에, 큰 돈을 벌거나 빌딩을 세우거나 회사를 일으키거나 출세한 것은 아닐지 몰라도, 예전에 사회가 규정해준 엘리트 코스를 밟고 있을 때는 결코 맛보지 못했던, '내가 있을 곳에 있구나!', '내가 흐름에 올라탔구나!'하는 느낌이 매일 매 순간 저를 기쁘게 합니다. 무엇보다 사는 것이 깃털처럼 가벼워지고, 할 일은 많아졌지만 스트레스는 없는 이런 나날들이 제가 제 자신에게 선물한 '진짜 삶'이 아닌가 생각합니다."

한 마리의 자유로운 새처럼 그의 비상은 막힘이 없다. 날개를 단 그의 꿈은 끝없이 비상하고 있다. 누구보다 혼돈의 폭풍이 몰아치는 치열한 20대를 보냈던 그가 지금의 20대 청춘에게 고하는 메시지는 강렬하다.

"스무 살 때, 혹은 스물 몇 살 때 인생을 결정해 버리지 마세요. 만약 자유롭고 싶다면, 평생 당신의 발목을 붙잡을 그 무엇에도 스스로를 얽매지 마세요. 그것이 직업이든, 사람이든……. 그 어떤 것에도 자신을 얽매어 놓지 마세요. 그때는

'바로 지금' 결단을 내리지 않으면 영영 낙오자로 남을 것 같지만 세상은 당신의 생각처럼 어떤 공식으로 규정되는 곳이 아니랍니다. 성급한 마음 때문에 자신을 한쪽으로 내몰거나 다그치지 마세요. 좀 더 자신에게 친절해지세요. 천천히 주위를 둘러보고, 당신이 딛고 있는 공간에서 벗어나 어디로든 여행을 떠나세요."

우리는 보통 구두 한 켤레를 사더라도 여기저기 둘러보고 다닐 것이다. 또 설사 마음에 드는 구두가 눈에 띄어도 "다른 데도 보고 올게요!"라며 몇 번 더 둘러볼 정도로 구두 한 켤레 사는 것조차 까다롭게 선택한다. 하물며 내 삶의 길을 한순간에 결정한다는 것은 정말 어리석은 일이다. 더구나 앞으로 창창한 인생이 열려 있는 20대에 자신의 삶을 단정 짓고 결정한다는 것은 자신의 미래를 더욱 불투명하고 허무하게 만드는 위험한 일이다. 몇 년이나, 아니 어쩌면 몇 개월밖에 신을지 모르는, 구두 한 켤레를 위해 여기저기 다니는 것처럼 인생은 두말 할 것 없이 신중해야 하는 것이다.

"혹여라도 백화점 입구에서 구두를 덜컥 사버리는 오류를 범하지 않기 바랍니다. 집에 와서는 만족보다는 후회하는 경우가 많을 테니까요. 지금은 충분히 시간을 갖고 마음과 뇌가 가장 유연하고 민첩하고 민감한 이 시기에 '세상이라는 백화점'을 두루두루 둘러보고 탐구하고, 고르고 골라서 자기 발에 꼭 맞는 신발을 선택하길 바랍니다. 그 뒤에 뚜벅뚜벅 어디로 든 내딛기 시작해도 결코 늦지 않아요."

곽세라 씨는 "고등학교를 졸업할 당시, 또 대학교를 졸업할 당시, 그리고 광고대행사 초년병 시절에 했던 고민들을 모아보 면 평생 해야 할 고민들을 한꺼번에 몰아 했던 시기였다."고 고백한다. 지금 뒤돌아보면 그 많던 고민들이 다 어디로 갔는 지 감쪽같이 사라져버렸다고 한다.

"만약 지금의 제가, 젊은 시절의 저에게 전보를 부칠 수 있다 면 이렇게 쓸 것 같습니다. '헤이, 이것 봐, 곽세라! 그렇게 심각하게 고민 하지마! 그 대신 추억을 만들어! 통장 잔고를 늘리는 데 신경 쓰는 대신에 '추억 잔고'를 늘리라구!'"

모든 사람에게 똑같이 주어지는 것이 시간이지만, 시간은 유한하다. 또한 젊음이라는 한때의 시간은 우리를 마냥 기다 리지 않는다. 청춘은 분명, 이유 없는 고민과 알 수 없는 열병 으로 인해, 앞이 안 보이는 안개처럼 막막한 시기지만 젊음은 그 자체로 큰 재산이다. 그래서 내 안에 경험과 추억을 쌓아올 려야 한다. 아주 먼 훗날, 천국에서 친구들과 나눌 수 있는 무궁무진한 이야기를 만드는 것이다. 이 땅의 청춘들이여! 명심하고 또 명심하자.

기회는 내가 만든다! 직장 다니며 여행 다니기

각종 여행기 공모전에 응모해서 비행기 표를 따내는 왕성한 활동으로, 직장 생활 틈틈이 해외 여러 나라를 여행한 여자. 자타가 공인하는 '여행광'으로 불리는 여행 작가 조은정 씨는 지금껏 여행 외의 일로는 단 하루도 휴가를 사용한 적이 없다. '찾으면 반드시 길은 있다'는 좌우명을 가지고 적극적으로 찾아 나섰다. 열성적으로 도전했기 때문에 운도 따른 것이다. 모든 상황은 자신이 적극적으로 나서서 변화시키는 것, 즉 모든 일은 내가 마음먹기에 달린 것이다.

직장에 근무하면서 여행에 목말랐던 그는 다니던 회사 내 사이트에 여행 경험담을 올리는 조건으로 3개월 무급휴직을 낼 수 있었다. 또 틈틈이 써둔 여행기를 각종 여행 공모전에 응모, 몇 군데에 당첨되어 15개국 세계일주 여행을 다녀오기도 했다. 자신의 홈페이지를 만들어 여행 사진을 올리다보니 사진 촬영도 수준급이 되었다. 또 여행 사진 공모전에서 문화관광부 장관상을 받아 LA행 비행기 티켓을 받기도 했다.

"저는 간절히 원하면 반드시 이루어진다는 말을 제 1의 신조로 삼고 있습니다. 바로 내 자신이 경험자이기 때문입니다. 평범한 직장인으로 항상 마음속에 세계 여행을 꿈꾸었죠. 그러던 어느 날 정말 꿈이 이뤄지는 일이 생겼어요. 모 인터넷 사이트에서 진행된 여행기 공모전에서 1등에 뽑히면서 세계일주 항공권이 내 품에 들어 온 것입니다."

뜻밖의 행운에 기쁨도 잠시, 세계일주 계획을 짜느라 밤을 꼬박 새웠다. 낮엔 회사에서 일하고 밤이 되면 세계 지도를 펼쳐 놓고 컴퓨터 앞에 앉아 세계 일주 루트를 짰다.

'지구는 어느 방향으로 어떻게 돌까?', '비행기에서 내리면 뭘 타고 다녀야 할까?', '돈은 어떻게 모으지?' 등 복잡한 문제가 한둘이 아니었지만 마음은 풍족했고 마냥 행복했다.

그렇게 여행길에 올랐고, 3개월 반 동안 13개 나라를 다녔고 세계의 친구들을 30명이나 사귀었다. 우여곡절도 많았다. 발에 상처가 생겨 한동안 절뚝거리고 다녔고, 볼리비아에선 내전을 만나 총소리에 쫓겨 20kg이 넘는 배낭을 메고 정신없이 뛰기도 했다. 비행기 탈거리를 버스로 이동하는 강행군도 서슴지 않았다. 그때는 외로움과 두려움에 눈물도 많이 흘렸지만 지금 생각해보면 돈을 줘도 다시 할 수 없는 경험들이 정말 감사할 따름이라고 회상한다.

조은정 씨의 여행은 단순히 관광지를 돌아보는 것이 아니다. 각 나라마다 하나씩의 여행보따리를 싸온다. 여행에서 돌아오면 사진, 팸플릿, 지도, 각종 티켓까지 꼼꼼히 챙겨서 하나의 보따리에 담는다. 여행지에서 거르지 않고 꼬박꼬박 써둔 일기와 각종 메모는 여행사, 항공사 등의 여행수기 공모 때 알뜰히 사용된다.

"자신만의 여행을 준비하면 많은 것을 얻을 수 있습니다. 체력과 영어가 제 평생의 친구라면 여행은 바로 나의 인생입니다. 문득 세상을 다니면서 아름다운 경치도 생각나지만, 무엇보다 여행지에서 쌓은 추억과 만난 사람들 때문에 다시 그곳을 떠올리면서 미소를 짓기도 합니다. 이러한 경험들은 저에게 세상을 살아가는 지혜와 활력을 줍니다."

삶의 모든 열정을 여행에 쏟아 붓고, 떠나기 위해 돌아오는 그의 습관은 주변 사람들에게 전염되고 있다. '미치도록 좋아하는' 것과 '한 가지에만 매달리는' 추진력이 젊은 세대답다. 수많은 여행 경험을 통해 자신이 가장 잘할 수 있는 일이 무엇인지 깨달았다는 그는 여행과 일을 병행한, 여행 작가의 길을 걷고 있다.

21세기 새로운 인간형 '노블레스 노마드'

구속은 그만, 소유도 그만, 내가 원하는 대로 자유롭게

아무 것도 확신할 수 없는 '불확실성의 시대'에 고정 관념에 얽매이지 않고 자유롭게 살고 싶은 사람들이 늘고 있다. 과거 유목민들이 비옥한 목초지를 찾아 떠돌았던 것처럼 자신이 원하는 바를 이루기 위해서라면 도전과 방랑을 두려워하지 않는 '노마드nomad'. 21세기의 새로운 인간형 '노블레스 노마드'가 주목받는 이유도 이 때문이다. 세계를 누비며 삶의 의미를 찾는 21세기 유목민인 '노블레스 노마드'가 부상하고 있다. 그렇다면 나는 과연 어떻게 살아가야 할 것인가.

사람들은 자신의 시야에 들어오는 곳까지가 세상의 전부라고 인식한다.
- 쇼펜하우어

지금 주위를 한번 돌아보자. 나를 둘러싼 주변의 익숙한 환경에 길들여지지 않았을까. 늘 다니던 길로 다니고, 늘 다니던 가게에서 식료품을 사고 매일 내 방 침대에서 자고…….

그러다가 MT나 회사 워크숍 등 집을 떠나 외부에서 자야 한다면 그 낯설음에 잠을 쉽게 이루지 못한다. 심지어 낯선 화장실에서는 큰일을 못 본다는 사람도 있다. 대부분의 사람들은 낯선 공간과 장소에 쉽게 적응하지 못하고 생소함을 느낀다.

그러면서도 갖는 불만이 '왜 나의 하루는 늘 똑같을까?'이다. 익숙해져 단조로운 일상, 어제와 다르지 않은 오늘의 반복이 '다람쥐 쳇바퀴 돌듯' 슬슬 지루해지기 시작한다. 이런 사람들의 처방전은 일상의 강력한 자극이다. 그렇다면 이 '강력한 자극'은 무엇일까.

현재 내가 처한 자리, 나를 둘러싼 주변 환경, 그 속을 조용히 들여다보자. 뭔가 채워지지 않는 것은 공허함은 무엇인지 스스로에게 물어보자.

'나는 지금 이대로 좋은가.', '지금 나에게 가장 필요한 것은 무엇인가.', '내가 진정 해야 할 일은 무엇인가.'

뭔가 문제점이 파악되었다면, 이제 그것을 바꾸려고 시도하자. 누구나 가능성이 내재돼 있지만 그 가능성을 발견하기도 전에 사회 구조에 길들여져 있다. 20대가 되면 공부, 시험(고시), 외국어, 자격증 등 '스펙'을 쌓아야 하고 취업 준비에 매달린다. 30대에 들어서는 경력 관리와 승진, 성과에 대한 압박감이 있는 게 현실이다.

필자가 만난 사람들, 이 책에 나오는 이들은 이런 사회적 구조와 현실과는 동떨어진 삶을 살고 있다. 그들은 자유 의지로, 자신이 원하는 방향으로 인생을 꾸려가고 있다. 그들이 부잣집에 태어나 부유하거나 특출한 재능이 있어서가 아니다. 일반 사람들과 다른 점은 시야를 넓혀 세상 밖으로 나갔다는 것뿐이다. 이들의 가장 큰 무기는 20대라는 '젊음'이다. '젊음' 앞에는 그 어떤 것도 장애가 될 수 없다. 젊고 건강하며, 긍정적인 사고와 열정만 있다면 당신은 지구를 열 바퀴라도 돌 수 있다.

발을 딛고 있는 이 땅에서 벗어나 넓은 세계로 눈을 돌려보자. 고생 끝에 낙이 온다는 말이 있는데, 고생을 '여행'이라고 바꾸어 보자. '여행 끝에 낙이 온다!' 젊음은 저절로 가슴이 두근거리는 게 아니다. 내 인생에 강렬한 자극을 통해 뜨거운 열정이 뿜어난다. 이 책은 지금 당신에게 강렬한 자극을 주려고 한다.

일상의 탈출 감행, 앞으로 나아갈 힘과 기회를 만들다

나는 '탈출'을 꿈꾼다. 닫힌 사회에서 무방비로 세뇌 당했던 테두리에서의 탈출, 부모님에게 의지하며 둥지 안의 뻐꾸기처럼 입 벌려 먹이를 공급받던 무기력에서의 탈출, 입시 교육과 과다 경쟁으로 여유 없이 핏대 세우며 살아가던 긴장으로부터의 탈출. 이제 갇혀 있던 틀을 벗어나 미래를 준비하려고 한다. 지금 탈출을 꿈꾼다.

스물다섯 살에 캐나다와 미국에서 공부하고 여행하며 세상 경험을 하고 돌아온 김재일 씨. 그가 대학생일 때 우리나라에 IMF 환난이 불어 닥쳤고, 수많은 실업자와 취업 재수생이 양산되었다. 알 수없는 막막한 미래, 경쟁력과 실력 없이는 발붙일 수 없는 삭막한 사회에서 그는 결단을 내렸다.

'이 사회를 살아가는 힘, 실력, 경쟁력은 내가 만드는 것이다. 기회 역시 내가 만든다. 내가 몰랐던 세상에서 진정한 나를 발견하자. 영어 실력도 키우고 무엇보다 내 앞날의 꿈과 비전을 발견하러 세계로의 '탈출'을 감행하자!'

"매일 밤 도서관에서 집으로 가면서 한강을 건널 때마다 길게 뻗은 불빛들을 보면서 넓은 세상을 꿈꾸었습니다. 매 학기마다 올라가는 등록금을 마련하기 위해 아르바이트하고 장학금을 타기 위해 책에 묻혀 살았죠. 하지만 열심히 노력해도 희망은 보이지 않았습니다."

가슴 속에 묻어두었던 꿈이 꿈틀대기 시작했다. 정체성을 찾지 못하던 그는 혼자 배낭을 메고 강원도, 충청도, 경상도, 제주도로 발길 닿는 대로 떠났다. 그리고 아르바이트 하며 비용을 모으고 정보를 수집한 후, 미국과 캐나다로 떠났다.

아침에는 공부하고 낮에는 외국 친구들과 여행을 즐기고 저녁에는 영어 성경 공부하고……, 공부하면서 외국 친구들과 사귀고 문화도 익히면서 영어 실력도 늘었다.

"낯선 세상에서 하나씩 극복해 나가는 것이 큰 즐거움이었고 시간이 지날수록 자신감이 배가되었습니다. 피상적으로만 생각해왔던 외국인들의 삶, 그들의 가치관과 생활 방식 등을 통해 많이 배우고 사고의 틀을 깨뜨렸습니다. 무엇보다 '나'라는 존재와 내 나라에 대해서도 객관적으로 바라보게 되었습니다. 총 160만원으로 6개월 동안 미국과 캐나다에서 공부하고 틈틈이 여행을 다녔습니다. 해외에서의 공부와 여행 경험을 통해 부끄럽지 않은 영어 실력까지 갖추게 되었으니 일석 삼조의 무전여행이었다고 자부합니다."

김재일 씨는 돈을 많이 들여야 해외에 나갈 수 있다고 생각하는데, 잘못된 것이라 말한다.

"젊다는 것이 무엇입니까? 가진 게 없더라도 당당할 수 있고, 실패해도 금방 일어날 수 있고, 어떠한 무모한 도전도 용납이 되는 시기입니다. 혼자 힘으로 떠나는 당당함과 패기가 있어야 합니다. 이 모든 것은 젊기 때문에 가능합니다."

타국의 젊은이들은 대부분 스스로 경비를 마련해 여행하며 돈이 떨어지면 고국이나 현지에서 아르바이트하면서 여행 경비를 충당한다고 한다. 유독 한국 젊은이들만 부모의 돈으로 생활하는 경우가 많았다고 한다.

"생전 처음 '젊음' 하나만 믿고 떠난 먼 외국 땅에서 많이 웃고, 울었던 시간이었습니다. 우리와 다른 문화적인 충격도 받았고 이를 통해 세상을 보는 관점과 지혜를 배우게 되었습니다. 낯선 환경 속에서 스스로를 실험했던 기간이 끝난 후, 한국으로 돌아오면서 무엇이든지 할 수 있다는 자신감으로 가득차 있었습니다. 이제 스스로가 정했던 한계에서 벗어나 앞으로 인생의 진정한 가치를 찾는 작업을 계속 해나갈 것입니다."

지금 청춘이라면, 떠날 수밖에 없는 동기를 하나하나 수첩에 적어보자.

'나는 젊기 때문에 뭐든지 할 수 있다.', '나는 건강하기 때문에 어디든 튼튼한 두 발로 다닐 수 있다.', '내 젊음의 황금 시기를 책상 앞에서만 보낼 수 없다.', '내가 앞으로 하고픈 일, 진정 해야 할 일을 찾겠다.', '나의 정체성이 무엇인지 발견하고 싶다.' 등등

편안히 안주하는 것은 젊음이 아니다. 젊음은 끝없이 도전하

는 시기이다. 도전하는 젊음은 찬란하고 아름답다. 지금, 자신에게 최고의 동기를 부여하라. 왜 자신이 젊은 날에 떠나야 하고, 세상 경험을 해야 하는지……, 젊은 날의 경험은 억만금을 줘도 살 수 없는 가치가 있다. 바로 젊은 당신이 당장 떠나야 하는 이유다.

내 안에 새로운 이야깃거리를 만들어라

'여행'은 누구에게나 설렘을 준다. 또한 설렘뿐 아니라 몰랐던 미지의 세계를 체험하게 한다. 과연 여행을 좋아하지 않는 사람이 몇이나 될까? 하지만 돈이 있으면 시간이 없고, 시간이 있으면 돈이 없는 상황이 발목을 잡는다. 대학생 때는 시간은 많지만 돈이 없고, 직장인일 때는 돈은 있지만 시간이 없고……, 이런 머피의 법칙 같은 현실 속에서 자유로운 사람은 많지 않다. 그런데 이 숨바꼭질은 본인이 하기 나름이다.

모든 상황은 자신이 만든다. 돈과 시간보다 더 중요한 것은 세상을 향해 도전하려는 의지이며 내 젊은 날에 다채로운 이야깃거리를 만들겠다는 동기이다. 그래서 길을 떠나고 낯선 곳과 낯선 상황을 즐기는 것이다. 대학생은 아르바이트로 틈틈이 경비를 모아서 방학 때 유럽 등지로 배낭여행을 떠나면 되고, 직장인들은 주 5일제 시간과 휴가를 최대한 이용하면 된다.

젊다는 것은 열려진 가능성이 많다는 것이다. 세상은 항상 열려 있으며 우리는 그 문을 향해 들어가면 된다. 자신의 정체성도 모르는 채 하루하루 그럭저럭 먹고 사는 것은 자기 인생을 방관하는 것이다. 이는 살아 있는 젊음이 아니다. 진정한 젊음은 발산하는 것이다. 자신의 정체성과 미래를 알고 싶다면 온 몸으로 부딪히면서 '세상 경험'을 해야 한다.

혼자 떠난 여행에서 '자신감'이라는 재산을 얻다

"떠나는 데 특별한 목적은 없습니다. 그저 어린 시절 세계지도를 보면서 막연히 꾸었던 꿈을 실현하는 것입니다. 바람 따라 넓은 세상을 떠나고픈 소망을 실천하면서 저의 20대는 충만하고 가슴 벅차게 흘러갔습니다."

이동원 씨는 20살 여름방학 때 배낭을 메고 강릉으로 떠났다. 그의 본격적인 여행의 시작은 우리 국토를 돌아보는, 한 달 간의 무전여행이었다. 3만원을 들고 떠났는데 집에 돌아왔을 땐 5천원이 남았다고 한다. 해외로의 첫 걸음은 군대 제대 후, 26살 때였다. 일본을 시작으로 유럽과 호주 등지를 혼자 배낭 메고 다녔다. 학기 중에는 틈틈이 아르바이트 해서 돈을 모았고 방학 때는 모은 돈으로 해외로 떠났다.

"혼자 해외로 떠날 때 약간 불안감이 있었어요. '내 영어를 사람들이 못 알아들으면 어떡하나, 언어 때문에 고생만 하다가 오는 거 아닌가.' 하지만 막상 다니다보니 언어는 아무 문제가 안 되었어요. 가령 에펠탑으로 가는 길을 물어 볼 때, 그것을 전부 문법에 맞춰 말할 필요가 없습니다. '에펠'이라는 말만 들어가도 상대방이 알아듣고 친절히 길을 알려주거든요. 영어 못한다고 겁낼 필요가 없습니다. 여행은 새로운 세상을 경험하는 것이지, 영어 실력을 뽐내는 자리가 아닙니다. 직접 부딪히는 다양한 세상 체험은 무한한 자신감과 성취감을 안겨줍니다. 그것만으로도 여행은 자신에게 주는 가장 값진 선물입니다."

그는 어느 곳이든지, 혼자서 여행을 떠난다. 여행 중에는 외로울 겨를이 없다고 한다. 세계 각지에서 온 다른 여행자들이 금세 친구가 된다. 여행을 통해 인간관계도 넓어지고 누구에게나 마음을 열 수 있는 포용력도 생긴다고 한다.

"혼자 떠나는 여행의 가장 큰 장점은 자유롭다는 것입니다. 퐁네프다리가 마음에 들면 거기서 오래 머물면 됩니다. 다음 목적지로 급하게 갈 필요가 없습니다. 한가로이 벤치에 앉아 풍경을 감상한다든가, 때론 근사한 레스토랑에 들어가기도 하죠. 경비는 다음 코스에서 아끼면 되니까 한번쯤은 멋진 곳에서 사치를 부려도 좋아요. 혼자 하는 여행은 내 마음대로니 바람을 닮았죠."

여행을 다녀오면 어떤 점이 가장 좋은 것일까.

이동원 씨는 여행을 통해 얻은 큰 수확은 '자신감'이라고
한다. 전에는 어렵다고 생각해 쉽게 포기했던 일도, 지금은
자신감을 가지고 도전하게 된다고 말한다. 여행을 통해 얻은
수많은 경험들은 그에게 무엇이든 할 수 있다는 자신감을 준
것이다.

"만약 누군가 20대에 무엇을 했냐고 묻는다면, 내 젊은 날의
인생은 '여행'이었다고 말하겠습니다."

여행에서 필요한 것은 '돈과 시간'이다. 하지만 이것보다
더 중요한 것은 '마음가짐'이다. 아는 만큼 보이고, 경험한 만
큼 풍요로워지는 것이 인생이라면 여행만큼 남는 장사도 없다.
'호모 트래블러스'라는 새로운 학명으로 분류될만한 현대인,
이들이 바로 '노블레스 노마드'이다.

인생은 축적의 연속, '경험적인 삶'에 주목하라

'저 푸른 초원 위에 그림 같은 집을 짓고…'

누구나 한번쯤은 '초원 위의 그림 같은 집'에서 살고 싶은 꿈을 꿔봤을 것이다. 우리나라 사람처럼 집에 대한 애착이 강한 국민도 드문 듯하다. 보통 서민들은 결혼 후 월세부터 시작해, 내 집 마련을 인생의 최고 목표로 삼는다. 집은 삶의 터전이자, 보금자리이니 누구에게나 소중할 것이다.

나는 어릴 적 내 방 하나 갖는 것이 소원이었다. 나만의 공간을 갖고 싶은 것은 어쩌면 인간의 본성일지 모른다. 하지만 20대는 달라야 한다. 지금은 어디에 사느냐가 아니라, 어떻게 사느냐가 중요한 시대다. 글로벌 시대, 한곳에 정착하는 것은 무의미하다.

"여행하라, 그리고 기록하라. 단순히 보고 즐기는 여행에서 벗어나 기록을 통해 자신의 내면을 들여다보라. 진지한 자기 성찰은 정신과 영혼을 맑게 하는 하나의 원천이 된다."

'동화의 아버지' 안데르센은 여행광狂이었다. 책을 팔아 조금이라도 수익이 생기면 여행 가방을 꾸렸다. 저축이나 결혼보다도 낯선 풍광風光이나 이질적인 인간과의 만남을 소중히 여긴 것이다. 길 위에서 착상하고 불빛 흐린 객방客房에서 아름다운 이야기를 지은 후 또 다시 길 위로 나서는 생활을 반복했다.

성 아우구스티누스는 이렇게 말했다.

"세계는 한 권의 책이다. 여행하지 않는 자는 그 책의 단지 한 페이지만을 읽을 뿐이다."

당신은 책 한 페이지에서 더 이상 나가지 못하고 있을 것인가? 아니면 책 한 권을 완전히 정독할 것인가? 언젠가는 여행을 떠날 거라고 그저 생각만 하지 말고, 더 늦기 전에 넓은 세상으로 떠나라. 그 시기는 당신이 20대인 바로 지금이다.

편안히 '안주하는 삶'보다 모험과 고생이 따르는 '경험적인 삶'이 왜 삶의 가치를 높이고 진정으로 행복을 주는지 직접 경험해 보아라. 세상에는 경험해보기 전에는 절대 알 수 없는 것들이 수두룩하다. 진정한 삶의 가치와 행복을 찾아 나설 때이다.

"여행을 하면 할수록 가고 싶은 곳이 더 많아지고, 세계가 더 넓게 느껴집니다. 떠날 때마다 흥분되고 흥미진진하지요. 여행은 현대 산업의 중요한 한 부문이자 삶을 즐기는 수단이며 서로 다른 나라와 문화가 서로를 이해하는 길입니다."

론리 플래닛Lonely Planet의 설립자이며 여행가 토니 휠러Tony Wheeler 씨가 론리 플래닛 시리즈의 한글판 출간을 기념해 내한했을 때 한 말이다. 세계 최대의 여행 전문 출판사이자, 전세계 배낭여행객들의 가이드북인 '론리 플래닛'은 세계인들에게 '여행서의 바이블'이라 불린다. 특히 론리 플래닛은 전화나 인터넷에 의존하지 않고 철저히 현장을 발로 뛰며 취재하는 것으로 정평이 나 있다. 광고도 없으며 좋은 평가를 대가로 사례금도 일절 받지 않는다.

1970년대 초 토니와 모린 휠러 남매가 아시아와 호주를 돌아본 뒤 '값싸게 아시아 훑기'란 책을 낸 것을 계기로 '돈보다 시간이 더 많은' 배낭 여행객들이 직접 쓰는 여행서의 네트워크가 시작됐다. 현재 600여 종의 도시와 국가편이 나와 있고 2년마다 한 번씩 개정을 위해 20개국 150명의 필자가 현장을 누비고 다닌다. 미국과 영국, 호주 등 세 곳에 나뉘어 있는 사무실 직원 400명이 책으로 엮어낸다. 프랑스, 이탈리아, 스페인, 한국, 일본어판이 발행되고 있다. 영국 태생인 토니 휠러는 지금까지 100개국 이상을 돌아다닌 '여행광'으로도 유명하다. 60세가 넘은 지금도 틈만 나면 여행을 떠난다.

론리 플래닛 저자들이 정리한 '배낭여행 십계명'을 소개하면 다음과 같다.

1. 네 자신을 알라.
2. 가볍게 떠나라.
3. 때로는 돈을 팍팍 쓰자.
4. 지도를 이용하라.
5. 희한한 음식을 맛보자.
6. 남들이 가지 않는 길을 가라.
7. 현지 말을 배워라.
8. 여행자나 현지인에게 조언을 구하라.
9. 여행 중간에는 쉬는 시간을 가져라.
10. 친구에게 편지를 쓰거나 전화를 걸어라.

"낯선 상황에서 겪는 고생조차 즐겨라."

1998년 인터넷 신문 '딴지일보'를 창간하며 '딴지 신드롬'을 불러일으킨 김어준 씨.

엽기, 발랄, 신선, 충격을 몰고 온 그의 아이디어는 파격적이다. 딴지일보의 탄생과 성장 배경에는 김어준 씨의 남다른 취미가 크게 한몫했는데, 그것은 바로 '여행'이다. 해외여행 자유

화가 시작될 즈음, 그는 대학 1학년 첫 여름방학 때부터 론리
플래닛을 들고 해외를 돌아다녔다. 이렇게 시작한 여행은, 대
학 4년 동안 1년이면 5개월을 해외에 머물렀다. 언뜻 그가
부자일 거라고 생각할 것이다. 그는 절대 부자가 아니다. 당시
만 해도 배낭여행에 대한 저변 확대가 이뤄지지 않던 시기였고
그는 헝그리 정신으로 부딪쳤다.

대학 1학년 때 무작정 여행사를 찾아가 해외여행 설명회
때 필요한 영상 자료를 비디오로 찍어주겠다고 제안해서 비행
기 표를 얻고 숙소를 촬영하면서 공짜로 머무는 등 직접 부딪
쳐서 여행을 다녔다. 여행에 대한 세부정보를 얻어다 주기로
약속하고 항공편과 숙박을 해결한 것이다. 그리고 점차 자신
이 붙자 방학이면 단체 배낭여행객들을 인솔해 다녔다. 이렇
게 인솔자 역할을 해서 번 돈으로, 나머지 두 달은 혼자 여기저
기 자유 여행을 즐겼다. 학창시절, 그렇게 여행 경비를 충당하
면서 가고 싶은 곳은 원 없이 다녔다고 한다.

그가 수많은 여행을 통해 느낀 것은 '어디를 가나 사람 사는
것은 다 똑같다'는 것이다. 그리고 다양한 문화 체험을 통해
삶의 단면만이 아니라 양면을 볼 수 있는 안목을 키웠다. 가령
아랍 지역을 여행할 때 아랍 버스에 올라와 검문을 하는 이스
라엘 군인을 보면서 아랍 입장에서는 이스라엘군이 일본 순사

일 수도 있겠다는 생각이 들었다. 이렇게 역지사지가 되어보니 선입견이 없어지고 세상을 더 넓게 보는 안목이 생겼다는 것이다.

"가고 싶을 때 여행은 시작 된다."라고 말하는 그는 나름의 여행철학을 들려주었다.

첫째, 현지에 도착하면 계획을 세우지 않는다. 둘째, 여행에서 만난 사람 때문에 일정을 바꾸지 않는다. 셋째, 현지인처럼 생각하고 행동한다.

"유명한 명소를 찾던 길에 우연히 접하게 된 이벤트나 공연에서 더 많은 것을 얻게 됩니다. 패키지나 여행 상품을 통한 관광에 그치는 여행은 제 스타일이 아닙니다. 저는 무계획으로 떠난 타지 여행에서 겪게 되는 긴장과 흥분, 기대감, 두려움 등을 즐깁니다."

그는 대학 졸업 후, 한 대기업에 입사해 그의 표현대로 '너무도 편하게 지냈다.'고 한다. 일하는 것도 편하고 월급도 많이 주고 이렇게 편한 곳에서 지내다 보면 아예 안주할 것 같았다. 그는 결국 6개월 후 '편한 생활'에 종지부를 찍었다. 그 후 한 달 간 만홧가게를 들락거렸고, 그의 피 속에서 끓고 있는 '여행'을 다시 시작했다. 여행을 하면서 자신이 해야 할 삶의 방향을 정하게 되었다. 그 후 남들이 생각하지 못한 새로운 발상의 '딴지일보'를 창간하기에 이르렀다.

'무계획이 계획'이라는 그는 장소 선정도 즉흥적일 때가 많다. 주로 알려진 장소보다는 발길 닿는 대로 걷기를 좋아한다. 그는 현지에서 여행비를 벌기 위해 숙박시설 호객행위를 하는 '삐끼'부터 매점점원, 한국식당 종업원까지 안 해본 일이 없다. 교통비, 식비 등 여행 경비가 필요했기에 현지인처럼 일한 것이다. 그러니 한번 나가면 보통 3개월은 현지에 파묻혀 지낸다.

"집 떠나면 고생이라고 하지만 저는 고생으로 느껴지지 않습니다. 오히려 현지에서 겪는 고생 자체를 즐겼습니다. 저는 아무것도 훔쳐 갈 것이 없기에 강도의 위험으로부터도 자유로웠죠. 제가 특별히 어떤 목적이 있어서 여행을 한 것은 아닙니다. 어떤 일이 발생할지 전혀 모르는 새로운 상황들이 저에게 긴장과 흥미를 주기에 여행을 지속하는 것입니다."

그는 젊은이들에게 말한다.

여행을 많이 다녀라. 어떤 목적이 있어서 떠나기보다는 무조건 낯선 상황을 받아들여라. 완벽한 준비는 필요 없다. 어느 정도 준비가 돼 있다면 무조건 부딪쳐라. 오직 마음속에만 있고 떠나지 않는다면 여행은 백날 꿈으로만 남는다. 무엇보다 젊을 때 가라. 나이가 어리면 그만큼 체력도 좋고 배우는 것도 훨씬 많을 것이다.

"낯선 타지에서의 혼자 여행이라고 하면 사람들은 부담을 느끼고 지레 겁먹고 포기해버립니다. 어차피 걸어서 갈 것이 아니면, 서울에서 부산에 기차 타고 가는 것이나 비행기를 타고 가는 것이나 떠나는 것은 마찬가지이죠. 또 비용 문제가 있는데 정말 돈이 없어서 파리를 못 가느냐? 그건 문제가 아니라고 생각합니다. 문제는 마음속의 거리가 멀어서 그런 것입니다. 가고 싶은 마음이 있으면 그냥 떠나면 됩니다. 돈 몇 푼 아껴서 나중에 노후 보장 어쩌고 하는 것보다 여행 가서 얻어오는 게 훨씬 많습니다. 자신의 영혼을 위해 쓰는 돈이 훨씬 가치 있는 것이죠. 어차피 돈이 있다면 가방이나 옷 등 다른 쪽으로 소비하게 마련입니다. 일 따로, 노는 거 따로 있는 게 아닙니다. 일하면서도 놀고 싶으면 얼마든지 놀고, 떠나고 싶으면 언제든 떠나는 것입니다. 어렵게 생각할 필요가 없습니다. 지금보다 더 행복해지고 즐거워지고 싶으면 자신이 좋아하는 것을 바로 실천하면 되는 것입니다."

삶은 축적의 연속이다. 그렇다면 무엇을 축적해야 하는가? 그것은 '경험'이다. 이는 주변에서만 겪는 한정된 경험이 아니라, 넓은 세상 속에서 겪는 입체적인 경험이다. 젊은 날의 최고

의 가치는, 물질의 소유도 사회적 성공도 아니다. 오직 '경험'
을 통해 자신의 영혼을 풍요롭게 하는 것이다. 젊은 날의 여행
은 인생에서 가장 값진 경험이자 미래를 준비하는 과정이다.
20대인 지금, 경험적인 삶에 투자해야 한다.

나를
구속하는 것을
모두 벗어 던져라!

떠나라! 청춘아 *Noblesse Nomad*

겉치레를 벗고 내면의 실속과 충만함을 채워라

미혼 시절, 친구 따라 쇼핑 가면 신용카드로 명품 가방과 옷 등을 무분별하게 구입했던 김 모 씨. 주부가 된 김 씨는 "지금은 이런 물건들이 짐이 되었다."고 한다.

"집 안에 사 모은 것 중에 안 쓰는 물건들이 수두룩해요. 먼지만 쌓이더라고요. 이사라도 갈 때면 짐을 옮기느라 고생만 하고, 뭐 하나 좋은 게 없더라고요."

경제 호황일 때, '남들이 하면 나도 한다'는 맹목적 소비의식
이 만연돼 있었다. 그리고 지금 전리품처럼 끌어 모은 값비싼
물건들은 구석에서 먼지 쌓인 채 애물단지로 전락하였다.

당신은 일상의 스트레스나 우울증을 어떻게 해소하는가. 앞
의 사례처럼 '나에게 뭔가 해줘야한다'는 망상에 사로잡혀 마
구잡이 쇼핑을 하지는 않는가?

어떻게 해야 만족하는 삶을 영위할까. 그것은 감성과 영혼을
풍요롭게 하는 것이다. 예를 들어 근교의 수목원이나 휴양림
을 찾아 지쳐 있던 심신에 안식을 주는 것이다. 투자한 시간과
비용이, 그 이상의 가치를 발휘한다면 현명한 소비이다. 물질
의 소유나 겉치장은 일시적이다. 진정으로 자신을 변화시키지
못한다. 지금은 정신적 만족과 감성을 누리면서 '진정한 나'를
발견하는 가치가 대두되고 있다. 21세기형 인간형인 '노블레
스 노마드'가 부상한 것과 일맥상통한다. 눈으로 보이지 않지
만 가슴과 머리에 진한 감동과 여운으로 남는 경험적인 삶.
이것이야 말로 자신의 가치를 높이면서 나를 사랑하는 가장
아름다운 방식이다. 지금 당신이 '노블레스 노마드'가 되어야
하는 이유다.

여행 · 레저 · 문화 등 '무형의 재산'에 투자하라

진정으로 영혼을 풍요롭게 하는 삶의 방식.

지금은 이것을 고민해야 할 때이다. 나를 치장하는 데 쓰이는 온갖 액세서리와 명품들은 남에게 보이기 위한 겉치레에 불과하다. 왜 남에게 잘 보이려고 하는가? 남들이 내 인생을 대신 살아주는 것도 아닌데…… 나를 진정으로 사랑하는 방식은, 이런 겉치레 소비가 아니라 내면이 감성과 감동으로 벅차오르는 '실속 있는 투자'이다. 집과 자동차, 명품 따위에 집착해 낭비하고 소모하는 인생이 아닌, 살아있는 동안 영혼이 풍족한 '경험적인 삶'에 투자해야 한다.

캐나다의 미디어 연구가 마셜 맥루한은 이미 40년 전에 "미래의 사람들은 빠르게 움직이면서 전자 제품을 이용하는 유목민이 될 것이며, 이들은 세계 각지를 돌아다니지만 어디에도 집은 없을 것"이라고 예견했다. 약 40년 전의 예언은 오늘날 현실이 되고 있다. 요즘에는 지하철이나 버스, 공항 라운지, 커피숍, 호텔 로비 등에서 작업하는 사람들의 모습을 심심찮게 본다. 잠깐이라도 머물러 있는 곳이 곧 일터인 셈이다. 이는 디지털 시대이기에 가능하다. 손에는 항상 휴대전화나 스마트

폰, 귀에는 MP3 이어폰이 있다. 장소를 가리지 않고 어디론가 가면서 또 연락을 취하면서 업무를 본다. 이런 시대에 살면서 우리 삶의 반경은 넓어질 수밖에 없다. 따라서 내가 머무는 곳을, 한 나라와 지역, 공간으로 정해 놓는 것은 의미가 없다.

전 세계를 누비며 삶의 의미를 찾는 21세기형 유목민이 주목받는 것도 이 때문이다. 노마드족은 틈날 때마다 떠나는 사람들이다. 한곳에 뿌리박고 살기를 거부하는 이들은 과거 유목민이 그랬던 것처럼 세계 곳곳을 누빈다. 과거 아날로그 시대에서는 노마드가 사회의 주변부나 일탈자로 분류된 반면, 디지털 시대의 노마드는 자유로우면서 창조적인 인간형으로 각광받고 있다. 이들이 디지털 시대에 새로운 가치를 형성하고 있는 것이다. 자유와 개방, 홀가분하고 쾌적한 삶을 추구하는 노마드족의 유목적 성향은 긍정적이며 창조적인 인간 유형으로 하나의 트렌드를 형성하고 있다.

세계 오지를 누비며 예술 힘 얻는 신현중 교수

서울 여의도 증권거래소 앞의 황소상을 비롯해 공룡이나 말 같은 생명력 넘치는 동물 작품으로 유명한 조각가, 신현중 교수(서울대 미대). 조각가이자 배낭여행가인 신현중 교수는 30년간 100여 개 국을 배낭여행한 자유인이다. 어린 시절 김찬삼

씨가 쓴 여행기를 읽은 후 세계여행에 대한 꿈을 키웠으며, '80일간의 세계 일주'라는 영화를 보면서 '저런 엉터리 여행이 있나? 나중에 내가 직접 개발한 루트로 세계 여행을 해야겠다.'고 결심했다.

"약 30년간 세계 곳곳, 100개 국 이상 다니며 여행했습니다. 방학 때마다 배낭 메고 혼자 세계의 오지에서 고생하다보면 예술과 삶에 필요한 원시적 생명력을 얻는 것 같아요. 또 그동안 몰랐던 '나'의 진짜 모습과 마주칩니다. 아마 목숨 걸고 산을 오르는 사람들의 심정과 비슷하지 않을까요."

그의 배낭여행은 1983년 미국 뉴욕으로 유학을 떠나면서부터 시작되었다. 어릴 때부터 꿈이었던 마야와 잉카의 유적지를 방문하기 위해 뉴욕의 야채 가게에서 아르바이트해서 모은 돈으로 첫 겨울방학에 멕시코에서 칠레의 산티아고까지 60일에 걸쳐 아메리카 대륙을 종주했다. 조각을 전공한 그는 이후 방학 때마다 세계 6대 문명권을 직접 밟아보리라 결심했다. 3년간의 미국 유학을 마치고 한국에 돌아와 대학에서 시간강사와 전임강사를 거쳐 미대 교수가 되기까지 23년간 매년 여름에는 조형물을 작업하고 겨울 방학 때는 배낭 메고 세계 각지로 떠났다.

"제가 끊임없이 여행을 다니는 이유는 현장에서의 다양한 경험을 통해 창조의 근원과 작업의 소스를 얻기 위해서입니다. 현대 문화와 조각이 어떻게 고대와 연계되는지 직접 현장에서 보고 체험하고자 했습니다. 80년대에는 모든 인류의 근원이 된 메소포타미아 문명을 알기 위해 중동 지역을 집중적으로 다녔습니다. 종종 이렇게 좋은 것을 혼자 보기 아깝다는 생각도 들었습니다. 제 작업의 창조적 영감을 얻기 위해 떠난 세계 여행에서 저는 육로를 통한 여행 루트에 관심을 갖게 되었습니다. 그러면서 제가 직접 육로 루트를 개발해야겠다고 생각했습니다."

배낭여행을 할 때마다 늘 육로와 가장 싼 숙소를 고집한 그는 고생을 해봐야 여행에서 안주하지 않는다고 말한다. 그가 여행 중에 가장 힘들게 다닌 지역은 아프리카였다고 한다. 60일 간의 아프리카 여행을 작정하고 막상 도착했는데 어떤 교통편과 숙소가 되어 있지 않았다. 그렇다고 노숙하자니 황토병 때문에 할 수도 없고 막막한 노릇이었다. 그저 지나가는 차(주로 트럭)를 한없이 기다리며 태워달라고 할 수밖에 없었다. 특히 세네갈에서 말리로 들어가는 루트가 가장 힘들었다고 한다. 문명이 전혀 들지 않은 오지 중의 오지이다 보니 혼자 다니기 위험한 곳이다. 여행자들이 다니는 길이 전혀 없다. 마치 옛날에 탐험가들이 미지의 개척지를 찾아다니던 루트인 셈이다. 그렇게 지역을 안 가리고 세계 여행을 다닌 그는 40세에 늦은 결혼을 했고, 그 후 떠난 신혼여행도 두 달 간의 '유라시아 횡단' 배낭여행이었다. 블라디보스토크에서 출발해 바이칼 호를 거쳐 러시아, 스웨덴, 노르웨이 등 북구를 돌고 나서 중부 유럽, 동유럽을 보고 터키 이스탄불에서 비행기를 타고 귀국했다.

"거석 유적이 남아 있는 남태평양의 이스터 섬, 페루의 잉카 유적 마추픽추, 파키스탄의 산악지대인 훈자 지역 같은 곳은 나만 알고 싶을 정도로 굉장한 곳입니다."

신 교수는 약 30년 간 쌓아온 자신의 여행 경험을 망라해 직접 여행 루트를 개발하겠다고 한다. 1년 동안 1만 달러(약 1천만 원)의 비용으로 세계여행을 할 수 있는 획기적인 방법을 알리겠다는 것이다. 블라디보스토크에서 시베리아를 거쳐 유럽을 여행하고 모로코에서 아프리카 대륙을 여행한 후 터키를 거쳐 중동과 인도, 파키스탄, 중국, 한국으로 들어와서 일본, LA, 중남미와 이스터 섬, 남태평양과 오세아니아 대륙으로 돌아오는 여행 루트이다.

그는 이러한 1년 간의 세계 여행 코스를 무한대∞ 형태라고 하면서 '신스Shin's 루트'라고 이름 붙였다. 과연 1천만 원으로 1년 간의 세계 여행이 가능할까. 현실에선 불가능한, 꿈같은 얘기로만 들린다.

"네 명이 한 팀이 되어 다니면 가능합니다. 네 명이 다니면 무엇보다 교통, 숙소, 자동차 렌트 등 여행 비용을 크게 절약할 수 있어, 비교적 저렴한 비용이 산출될 수 있습니다. 그리고 무엇보다 혼자가 아니라서 각종 위험으로부터 안전하며 말동무가 있기에 외롭지 않고 비상식량도 공유하는 등 네 명이 함께 다니면 여러 모로 유익합니다."

그는 세상에 대한 호기심과 열정, 그리고 꿈이 있다면 누구라도 도전할 수 있다고 말한다. 특히 젊은 나이에 떠나는 것이 중요하다고 한다. 대학에 들어가서 그냥 학위 받고 끝나는 것이 아니라 '앞으로 나는 무엇을 할 것인가?', '인생의 목표를 어디에 둘 것인가?' 스스로에게 질문하고 '자기 발견'을 하라는 것이다. "젊은이들은 다른 무엇보다 더 넓은 가치관을 심어주는 '세상 경험'이 중요하다."면서 "어학, 과학, 예술 등 무엇을 전공하든지 젊은이라면, 머리와 가슴에 세상을 품고 도전하여 세계를 경영하는 마인드를 키워야 한다."고 강조했다.

"나는 누구인가? 이런 질문과 호기심으로 자기를 확인하는 작업을 해야 합니다. 자기를 찾는 작업을 통해 우리 젊은이들이 세계 속에 도전할 때, 20~30년 후에는 우리나라가 세계 5대 강국이 될 것입니다. 국토를 확장시켜 나가고 세상을 탐험했던 광개토대왕과 장보고 같은 인물이 21세기의 이상적인 인간형이 될 것입니다. 이러한 마인드로 도전하는 젊은이들이 21세기를 이끌어가는 글로벌 리더가 될 것입니다."

'홍익인간'의 개념처럼 널리 인간을 이롭게 하는 사람, 즉 상생하는 광의의 개념으로 홍익인간의 정신을 실천하라고 한다. 세계의 70% 이상은 못 사는 나라라고 하는 신 교수는 여행을 다녀보면 새로운 사실을 발견하는 소득도 올린다고 한다.

"우리가 못 살 때는 다른 나라의 원조를 받았지만, 지금은 우리가 어려운 나라를 도와주는 경제 강국이 되었습니다. 지금의 젊은이들은 전공을 살리면서 세계 속에서 자신의 능력을 키우고 발휘해야 합니다. 또 세상의 수많은 어려운 이웃을 돕고 배려하는 마인드를 키워가고 자기만 아는 개인주의에서 벗어나 더불어 살아가는 지혜를 배워야 합니다. 이는 더 넓은 세상으로 나갈 때 경험하고 깨달을 수 있습니다. 이 땅의 젊은이들이여! 세계를 가슴속에 품고 거시적인 시각과 열려있는 마인드로 세상을 향해 도전하십시오!"

치솟는 대학 등록금 마련과 취업 전쟁, 스펙 과열에 청춘을 저당 잡힌 세대. '88만원 세대'라 일컫는, 이 시대 청춘들의 우울한 자화상이다. 불안정한 사회에서 이들의 꿈은 사치가 되었다. 나아갈 방향을 잃고 사는 의미와 재미를 못 느끼는 청춘들. 스스로가 답을 찾아야 한다. 현실에 얽매이지 말고 인생의 행보를 스스로가 만들라는 얘기다. 청춘이기에 가능하다. 청춘 앞에는 어떤 장애물도 없다. 피 끓는 열정과 도전하려는 결단만 있을 뿐이다. 세상을 향한 호기심과 패기를 가진 젊은이라면 자신을 속박하는 것으로부터 벗어나 세상 밖으로 나가야 한다.

21세기 새로운 인간 유형, '노블래스 노마드족'의 출현 배경

시대에 따라 현대인의 라이프스타일도 변하기 마련이다. '라이프스타일'은 사람들의 사고방식이나 행동 등 우리 생활에서 쉽게 볼 수 있는 문화의 흐름을 말한다. 또한 유행의 흐름과 경향을 뜻하는 '트렌드'는 라이프스타일을 창조하는 하나의 매개체이며, 삶을 여유 있고 풍요롭게 만드는 원천이 된다.

21세기 현대인의 라이프스타일을 주도하는 트렌드이자, 문화 현상의 키워드로 부각되고 있는 것이 '노블레스 노마드'이다. 노블레스Noblesse 는 '귀족적'이라는 뜻이며 노마드Nomad는 자유로운 떠돌이인 '유목민'이라는 뜻의 라틴어이다. 독일의 미래학자인 군둘라 엥리슈는 그의 저서 '잡 노마드 사회Job Nomaden'에서 현대인을 직업을 따라 유랑하는 'Nomad 族'으로 설명하고 있다. 노마드족 즉, 유목민은 언제든지 현실 공간에서 떠날 준비가 되어 있으며 짐이 될 수 있는 것은 흔쾌히 버린다.

'노블레스 노마드'라는 말은, 말 그대로 '귀족적 유목민'이다. 집시의 개념이 아닌, 열심히 일하면서 쉴 때도 의욕적이고 열정적으로 시간을 활용하는 부류이다. 특히 여러 곳을 다니면서 감성이 풍요로워지고 영혼이 충만함을 느끼는 여행에 적극적으로 투자한다.

21세기의 인간 유형 '노블레스 노마드'가 발생하게 된 배경에 대해서 알아본다. 한국적 보보스 집단인 코보스족을 비롯해 네오싱글족, 다운시프트족 등은 노블레스 노마드의 발생 배경이 되었다.

한국적 보보스 집단, 코보스의 문화 혁명

삶의 흐름을 바로 알려주는 '프런티어'. 디지털 시대, 보보스족의 출현은 노블레스 노마드의 원조가 되고 있다. 귀족 지향도, 졸부도 아닌 '깨인 소비 계층'이 지식 사회를 이끌고 있다. 이들은 일에서 뿐 아니라 여행, 공연, 파티, 레저, 스포츠 등 그들의 문화를 지향하고 향유하는 사람들이다. 이러한 성향은 노블레스 노마드와 맥을 같이 한다. 보보스Bobos는 부르주아와 보헤미안의 합성어. 신흥 엘리트 집단의 라이프스타일을 말하며 부르주아 생활 방식과 보헤미안의 이상을 포함하고 있다. 미국 저널리스트 데이비드 브룩스는 경제적으로는 부르주아이면서 감성적으로는 보헤미안인, 이 신인류를 두 단어의 첫 음절을 따 '보보bobo'라고 칭하고 저서 [보보스]에 묘사하였다.

고정관념을 깨고 합리적이면서 개성 있게 소비를 하는 '보보'들은 삶의 가장 중요한 가치를 '자기만족'이라고 여기고 자기에게 필요하다고 생각되는 대상에 아낌없이 투자하고 있다. 경제력이 넉넉하면서도 사치를 부리거나 낭비하지 않고 자신에게 필요하거나 실용적 가치가 있다고 판단되면 주저 없이 행동에 옮기는, 디지털 시대의 새로운 지배 계층이라고 할 수 있다.

코보스kobos는 한국적 보보스 집단을 일컫는 말로, 이들은 자유화, 정보화에 민감한 20~30대의 감성 세대들을 중심으로 보보스적 성향을 가지고 있다. 한국적 보보스의 특징은 엘리트 의식이 강하며 신흥 부류보다는 기존 엘리트 부류의 자녀 세대로, 그들의 가치관과 생활양식은 좀 더 개방되고 자유로워졌다. 이들은 명품을 사기 위해 카드빚을 지거나 뽐내기 위해 억대의 외제차를 사는 일부 명품족의 행태를 이해하지 못한다. 자신의 삶을 업그레이드하기 위해 최선을 다하며, 일할 때와 놀 때를 확실히 구분하는 영리함도 가지고 있다. 늘 새로운 것을 추구하고 자기 개성을 확실히 드러내는 만큼 자부심이 강하다.

천천히 내 몸이 원하는 것을 찾는 '느림'의 삶

이탈리아 브라bra 지방에서 시작된 슬로푸드 운동은 식생활 뿐만 아니라 라이프스타일 전반에 걸쳐 확산되었다. 슬로비족 slobbie: slow but better working people은 느림의 문화를 대표하는 집단 으로, 삶의 여유를 누리는 사람들을 말한다. 주중에는 최대한 빠르게 일하고 주말에는 여유로운 시간으로 가치 있는 삶을 찾는 라이프스타일을 추구한다.

21세기 들어와서 기술 발전이나 인간의 외부 환경 변화가 더욱 엄청난 속도로 진행되며 불안정해지자 인간을 정서적으 로 안정시켜 주고 편안함을 찾게 해주는 감성 지향적인 '느림' 의 미학이 등장하게 되었다. 느림의 미학은 조금 느리게 살면 서 삶을 충분히 즐기고자 하는 심리적 경향을 보인다. 이는 너무 빨리 지나가 버리면 아무리 좋은 것이라도 금세 과거 속에 묻히기 때문에 천천히 현재의 삶을 음미하고 즐기려는 생활 태도에서 비롯되었다.

노블레스 노마드 역시, 빠르게 변하는 현대 사회의 조급함에 휘말리지 않고 오히려 자신의 삶에 한 박자 여유를 주는 삶의 방식을 보이면서 '느림Slowness'과 맥락을 같이 한다.

사람들이 바삐 사는 이유는 자신이 가지지 못한 것을 갖기 위해서라고 한다. 더 큰 아파트 평수, 더 고급스러운 차, 더 높은 자리, 그러다 보면 정작 소중한 삶의 가치를 잃어버린 채 살아간다. 인생이 숨 가쁘게 돌아간다면 어느 순간 엔진도 다 소모될 것이다. 가끔씩 열이 난 엔진을 식혀주고 기름칠도 해주면서 느긋하게 한 박자 쉬어간다면 인생이 한결 보배로워질 것이다.

어느 해 떠난 발리의 휴양지에서 필자는 누군가에게 전화하고 싶은 충동을 느꼈다.

"여기는 지금 노을이 지고 있어. 내 방 창 밖에 끝없이 펼쳐진 바닷물이 반짝반짝 빛을 내며 빨갛게 물들어 가고 있어. 환호성을 지를 만큼 아름다운 풍광이야. 지금 이 황홀한 광경을 같이 못 봐서 아쉽다."

누구에게라도 이 감동의 순간을 전하고 싶었다. 그동안 살면서 '일이 많고 바쁜 것이 보람 있다.'고 생각했다. 자유기고가로 일하면서 사람들을 만나고 글을 쓸수록 통장 잔고도 늘어났다. 일하는 뿌듯함과 성취감을 동시에 느꼈다. 그러다 우연히 떠난 휴양지에서 보낸 시간은 성취감을 뛰어넘는 벅찬 감동과 평화를 누렸다. 영혼의 안식과 자연의 영감이 삶을 더욱 풍요롭고 값지게 한다는 것을 깨달았다.

더불어 지난 날을 차분히 돌아보고 미래를 계획하는 시간이 더 없이 보배로웠다. 바쁜 삶보다는, 한 박자 쉼표를 찍으며 자신을 돌아보는 느림의 삶이 더 가치가 있다는 것을 느꼈다. '어떻게 사느냐', 즉 '삶의 질'은 인간에게 가장 중요한 화두다. 자신이 진정 갈망하는 삶이 무엇인지 진지하게 생각해 보고, 결론을 얻었다면 이를 적극적으로 실현하자. 영혼이 풍족해지는 삶이야말로 가장 이상적인 삶이 아닐까.

당당하게 솔로생활을 즐기는 만혼자, '네오 싱글족'

21세기의 새로운 싱글족. 이름 하여 '네오 싱글족'이다. 이들은 독신자나 노총각, 노처녀의 다른 이름이 아니다. 결혼이라는 개념에 연연하지 않고, 자기만의 자유로운 생활을 즐긴다. 2000년대 초반부터 늘기 시작하면서 그 숫자도 점차 늘고 있는 싱글족은 그들만의 당당하고 독특한 문화를 만들어 가면서 '네오 싱글족'으로 불리기 시작했다. 그들은 왜 둘보다 하나를 선호하는 것일까?

서른 살 넘도록 결혼하지 못해 주변의 시선을 의식하던 이전의 싱글과 달리, 탄탄한 경제력과 디지털 활용 능력을 갖추고 자신만의 싱글 문화를 만끽하는 사람들. 이들이 바로 네오 싱글족이다. 이들에게 결혼은 필수가 아닌 선택의 문제이다.

시간 날 때마다 영화 관람과 여행을 다닌다는 한 네오 싱글족은 "결혼한 친구들이 아기 때문에 주말에도 꼼짝 못하는 것을 보면서 나 같으면 답답해서 못 견딜 것"이라고 말한다. '네오 싱글족'은 당당하게 혼자임을 즐기는 사람들이다. 일이나 경제적인 이유 때문에 결혼 시기를 놓친 이전 세대들과 달리 이들은 혼자 사는 것 자체가 즐겁기 때문에 결혼에 연연하지 않는다. 가정생활에 얽매어 있기보다, 자유롭게 즐기면서 자신의 감성을 풍족하게 하는 '경험적인 삶'을 추구한다. 이들은 또한 경제적 자립을 중요하게 여긴다. 이것이 밑바탕되어야 건강한 싱글로 살아간다고 믿기 때문이다.

한 고등학교 교사는 "여름방학이면 한 달씩 해외여행을 다닌 지 10년이 넘었다."면서 "이따금씩 외로움을 느끼지만 자유롭게 다니는 여행이 더없이 행복하기 때문에 굳이 결혼하고 싶은 생각이 안 든다."고 말한다. 혼자서도 즐겁게 사는 방법을 찾는 네오 싱글족. 요즘은 행복을 개인의 자아실현에서 찾기 때문에 싱글이냐 기혼이냐는 중요하지 않다. 현재의 삶이 얼마나 충만하고 행복하냐가 중요한 것이다.

경쟁과 속도에서 벗어나 자기만족적 삶을 추구하는 '다운시프트족'

몇 년 전 한 채용정보 사이트가 20대 직장인을 가장 잘 표현해주는 신조어를 조사한 결과, '다운시프트족'이 1위를 기록했다. 다운시프트족이란, 돈벌이는 적더라도 여유 속에서 삶의 만족을 찾는 부류를 말한다. 다시 말해 경쟁과 속도에서 벗어나 자기만족적 삶을 추구하는 사람들을 말한다. 다운시프트 downshift란 원래 자동차를 저속기어로 변환한다는 뜻이다. 즉 고속으로 주행하다가 저속기어로 바꾸듯이 생활의 패턴을 느리게 바꾸어 여유를 추구하는 일종의 '느림보족'이다. 우리나라 20대 직장인은 개인 중심적 성향이 강하고 자기 계발에 열심이다. 꽉 짜인 업무와 일에 빠져 고소득을 올리기보다, 소득이 적더라도 자신이 좋아하는 일을 자유롭게 즐긴다. 노블레스 노마드 역시, 삶의 여유를 중시하고 자기만족적 삶을 추구하기 때문에 다운시프트족과 상통한다.

'다운시프트족'이라는 용어는, 1970년대 이후 유럽에서 태어난 젊은 직장인들 가운데 빠듯한 근무 시간과 고소득 대신에 마음에 맞는 일을 여유 있게 즐기려는 사람들이 늘어나면서 생겨났다. 유럽에서 시작된 다운시프트족은 원하는 형태의 삶을 위해 고소득을 기꺼이 포기하며, 일부는 주거지를 도시 외곽이나 전원으로 옮기는 경우도 있다. 유럽의 일부 국가에서 부동산 가격이 지속적으로 상승하자, 멀리 갈수록 소박하고 여유 있게 산다는 인식이 퍼졌다. 즉 다운시프트족은 자기만족적인 삶이 최고의 가치라는 인식을 가진 젊은 세대들을 칭한다.

세계 곳곳을 누비며 '혼자 걷는 행복'에 빠진 여자

튼튼한 다리만 믿고 세계 구석구석 '나 홀로 여행'을 강행하고 있는 여자. 언뜻 보면 그는 대단한 강심장을 가졌거나 호된 시련을 겪었을 것이다. 하지만 그는 "떠날 때마다 무섭고 겁이 난다."고 고백하는 여린 사람이다. 그럼에도 걷고, 또 걷는 이유는 무엇일까.

"길의 끝에 다다른 순간, 내게도 삶을 변화시킬 수 있는 힘이 있다는 것을, 문명 전체가 나아가는 방향에 등 돌릴 힘이 내게 있다는 것을 깨달았기 때문입니다."

그가 바로 '소심하고 겁 많고 까탈스러운 여자 혼자 떠나는 여행'을 쓴 도보 여행가 김남희 씨다. 2001년 우리 땅 820km를 도보로 여행한 뒤 국토 종단기를 펴냈던 그는 스페인의 유명한 '산티아고로 가는 길(카미노 데 산티아고)' 800km를 36일에 걸쳐 걸었다. 2천 년 전 야곱이 복음을 전하기 위해 예루살렘으로부터 걸어왔던 '산티아고의 길'은 전 세계에서 온 순례자와 여행자들의 발길이 끊이지 않고 있다.

"차를 타고 여행하면 스쳐 지나가면서 풍경만 보게 되는데 걷는 여행은 만남의 깊이가 좀 더 깊어집니다. 나무를 보더라도 좀 더 자세히 관찰하게 되고 사람들과의 만남도 밀도 있게 다가옵니다. 특히 산티아고 길에서 만난 사람들은 이상했어요. 아픈 나에게 약을 나눠주고, 목마를 땐 물을 건네주고, 배고플 땐 밥을 덜어주고, 지친 다리를 정성껏 주물러 주고, 외로울 땐 친구가 되어주고… 모두가 열린 마음으로 타인과 나누면서 자연스럽게 공동체 문화를 형성하고 있었죠."

그가 여행의 매력에 빠져든 것은 대학 졸업 후 유럽으로 배낭여행을 하면서부터. 67일 간의 배낭여행에서 '혼자 걷는 행복'에 빠져든 그는 이후 영국 유학길에 올라 대학원에서 관광학을 공부했으며, 한국에 돌아와 터키 대사관에서 6년간 일하면서도 틈틈이 여행을 다녔다. 2000년 도보로 세계 일주를 하겠다는 결심을 굳힌 그는 2001년 땅 끝 해남부터 통일전망대까지 820㎞를 발로 답사하는 국토종단부터 시작했다.

"여행은 소심하고 예민한 20대 직장인의 탈출구이자 바람이

들고나는 구멍통이었죠. 결국 부적응자이에요. 부적응자! 사회가 만들어놓은 모범답안에 맞춰 사는 게 별로여서 다른 길을 가고 싶었던 것이죠. 더 나이 들기 전에, 호기심과 열정이 남아 있을 때, 하고 싶은 일을 해야겠다는 생각이 들었어요. 2003년에는 직장을 그만두고 적금 깬 것과 방 뺀 돈을 가지고 무작정 세계 여행에 나섰죠. 어차피 인생이 선택이고, 모든 것을 다 가질 수 없다면 저는 보장된 직장, 남편, 적금통장 대신 미지의 세계를 선택하고 싶었어요."

그는 이후 중국, 라오스, 미얀마, 캄보디아, 태국, 네팔, 인도 등을 여행했으며 파키스탄, 이란, 터키를 거쳐 몇 년 전에는 평생 잊지 못할 '산티아고의 길'을 걸었다.

"수많은 길을 걸었지만 언제든 자신을 열고 마음을 나눌 준비가 되어 있는 여행자들과 함께 걸었던 '산티아고로 가는 길'이야말로 세상에서 가장 아름다운 길이었습니다. 걸으면서 오만 잡생각을 다 해요. 그러다가 머릿속이 텅 비는 순간이 와요. 뭔가 쏴아 헹궈지는 듯, 의식이 비워지는 그 순간의 경이로움 때문에 걷고 또 걷게 됩니다."

그에게 걷는 여행은, 어떤 장소에 가서 도장 찍고 오는 수준이 아니라 열흘이 걸리든 한 달이든, 그곳을 진심으로 느끼는 현장이다. 지금까지 몇 개국을 다녀왔는가는 중요하지 않다. 차나 자전거를 타면 그냥 스쳐 지나가는 '풍경'이지만 걸어 들어가면 자신의 '삶'이 되어버린다고 한다. 그는 든든한 직장 도 없고, 결혼도 안 했고, 보험도 없지만 그럴 때마다 덜 갖는 대신, 질 높은 삶에 더 충실하자고 다짐한다. 그리고 자신이 걷는 길들이 또 다른 길을 열어준다는 것을 믿는다.

여행을 통한 자기 계발 효과를 누려라

사람들은 어떤 이유로 여행을 선망하며 이를 통해 무엇을 얻고자 할까.

사진으로만 보았던 유명 건축물이나 유적지를 돌아보는 관광이 여행의 전부일까?

"나는 파리에서 에펠탑을 보았고, 샹젤리제 거리도 걸었으며, 로마에서 콜로세움을 보고 트레비 분수에서 동전도 던져보았다. 그러면서 나는 파리에 다녀왔다고, 로마에 가보았다."고 자랑할 것인가?

해외여행이 자율화된 초기에나 있던 '수박 겉핥기'식의 여행에서는 진정한 자신을 발견하지 못한다. 그저 눈도장 찍었다는 사실만 있을 뿐 실질적으로 얻는 것은 별로 없다. 어떤 목적의식 없이 맹목적으로 '남들이 가니까 나도 한번 가봐야지.'라는 생각으로 유명 관광지만 찾아다니는 여행은 젊은 세대에는 맞지 않다. 이런 관광지 투어는 노후에 가도 늦지 않다.

젊은이라면 새로운 세상에 대한 탐구와 호기심으로 낯선 세계에 도전장을 내야 한다. 사람은 끊임없이 자신을 단련시키고 계발해야 발전하고 성장한다. 자신이 진정으로 원하는 것이 있다면 주저 말고 실행해보자. 여행을 통한 자기계발은 알게 모르게 효과가 무궁무진하다. 여행은 우리 인생의 축소판이다. 여행에서 수없이 부딪히고 보고 느끼고 경험하면서 자아실현은 물론 '온전한 나'를 찾게 된다.

전설의 '여행광'에서 '여행사 CEO'로

우리는 살면서 '여행'을 얼마나 할까. 또 자신의 꿈과 이상을 현실에서 실현하는 사람은 얼마나 될까.

20대 시절을 온통 배낭 메고 전 세계를 누비고 다닌 사람. 특별히 눈에 띌 것 없는 평범한 학생은 '여행'만큼은 타의추종을 불허한 여행광. 지금은 어엿한 여행사의 CEO가 된 이오스 여행사의 전광용 대표다.

그가 본격적으로 여행에 매력에 빠진 것은, 20살 첫 여름 방학 때 유럽 배낭여행을 떠나면서부터. 학교와 집밖에 몰랐던 그에게 우물 밖 세계는 신천지나 다름없었다. 그렇게 매년 여름과 겨울방학 넉 달은 무조건 비행기에 몸을 실었다. 여행 경비는 과외 아르바이트를 하면서 마련했다. 열심히 저축해놓았다가 방학이 되면 행선지를 정하고 비행기를 탔다. 대학시절 그가 거처 간 나라는 50여 개국, 도시로 따지면 120개가 넘었다. 이 때문에 학생들 사이에서 '여행 가기 전에 먼저 전광용에게 정보를 얻어라'는 말이 돌았다고 한다.

"제 20대는 진정 좋아하는 것이 무엇인지 수없이 찾았던 시절이었습니다. 앞으로 어떤 인생을 사는 것이 좋을까? 끊임없이 고민했습니다. 여행에 빠진 것은, 여행을 통해 앞으로 살아나갈 인생의 실마리를 찾고 싶어서였는지 모릅니다. 세계를 누비고 다니면서 그야말로 나라와 인종을 초월해 수많은 사람들을 만났고, 낯선 환경 속에서 많은 것들을 배우고 체험했습니다. 온 몸으로 부딪힌 세상 경험들은 교과서에서는 절대로 배울 수 없는 살아있는 교훈이었습니다. 당시 '역마살 꼈다'고 할 정도로 미쳤던 것은 여행이 저의 온 영혼을 사로잡았기 때문입니다."

그는 좋아하는 여행을 원 없이 즐겼기 때문에 20대가 더없이 풍요로웠다고 말한다. 그 시절 또래들이 학점 따랴, 취업 준비하랴, 자격증 따랴, 도서관에 박혀 있을 때 그는 자신의 영혼이 이끄는 대로 광활한 세상을 향해 떠났다. 수많은 여행을 통해 자신이 진정 하고 싶은 일도 찾았으니, 인생의 큰 수확을 얻은 셈이다.

1999년 대학을 졸업했지만 취업하기가 만만치 않았다.

"당시 취직이 안 돼서 창업을 결심했어요. 가장 좋아하면서 자신 있는 일은 역시 여행이었죠. 친구와 동업해 여행사를 차리게 되었습니다."

그는 여행 경험을 바탕으로 고객들에게 실감나는 상담을 해주었고, 점차 좋은 반응을 얻기 시작했다. 99년 직원 세 명으로 출발한 회사는 현재 수십 명의 직원을 거느린 탄탄한 여행사로 자리 잡았다. 사실 누구나 여행을 좋아하고 동경하지만, 바쁜 일상에서는 꿈꾸기 어려운 것이 현실이다. 전광용 씨는 학창시절부터 동경하고 즐겼던 여행이 평생의 직업이 되었다.

"여행은 일상의 탈출이자 또 하나의 인생이라 생각합니다. 일상 탈출을 통해 삶이 한층 여유가 생기고, 새로운 경험을 통해 삶이 풍요로워지는 것입니다. 그래서 여행은 단조로운 일상에서 한 박자 쉼을 선사하면서 자신을 돌아보고 재충전하는 기회를 주고 있습니다. 사람들은 낯선 세상과 환경에 대한 호기심과 동경이 있지만 막상 도전하지는 않죠. 여행은 인생의 깊이와 열정, 도전을 배울 수 있는 가장 큰 기회입니다."

그는 여행과 일의 경계 사이에서 충만한 행복과 기쁨을 누리고 있다.

무엇인가에 강렬하게 끌리고, 거기에 모든 것을 올인 하는 열정적인 삶은 후회가 없다. 주변에서 뭐라 해도, 결국 내 인생은 내가 설계하고 꾸려가는 것이므로.

세상 속에 '나'를 던져, 세상을 경영하라

요즘 떠오르는 세계의 부자들은 과거의 부자들과 다른 특징을 보이고 있다.

미국의 시사주간지 뉴스위크는 신흥부자들을, 끊임없이 국경을 넘나들면서 일하고 즐기는 '글로벌 유목민'이라고 정의했다. 과거 대저택에 골동품과 보석들을 쌓아두는 '정착형' 부자들과는 다르다는 것이다.

요즘 부자들은 사교를 위해 집 가까운 클럽에 가는 대신, 다른 대륙에 있는 부자 친구들의 집을 오가고, 헬기나 비행기, 요트를 타고 집에서 빌라로 호텔로 숨 가쁘게 이동한다. 업무는 온라인으로 처리한다. 세계 최대의 철강업체 미탈스틸의 락시미 미탈 회장은 런던에 살면서 매주 세계 여행을 하고 프랑스에서 딸의 결혼식을 올린 뒤 인도 뉴델리에 있는 또 다른 집으로 돌아가기도 한다. 뉴스위크는 '신흥부자들이 유목민적 특징을 가지고 있는 것은 이들 대부분이 세계화 속에서 막대한 부를 창출한 것과 관련이 있다.'고 지적했다. 새로운 시장과 값싼 노동력을 찾아 전 세계를 누비고 있는 다국적 기업의 개인 버전이라는 것이다.

이처럼 세계를 누비면서 자유롭게 일도 하고 여가와 여행을 즐기는 일은, 비단 부자들만 가능한 일이 아니다. 본인이 마음만 먹는다면 누구나 할 수 있는 일이다. 특히 젊은이일수록 세계 무대에 도전하면서 자신의 삶을 개척해야 한다. 내 인생의 주인인, 나 자신에 대한 투자야말로 가장 실속 있고 행복한 지출이라고 생각하는 '노블레스 노마드'여야 한다.

그들은 자기계발도 게을리 하지 않으며 더 많이 배우고 얻을 수 있는 '경험적인 삶'을 추구한다. 이러한 삶이야말로 자신의 가치를 더욱 높여주고 충만한 삶을 영위할 수 있다고 믿는다. 젊다는 것만으로도 세상에서 가장 큰 부자가 될 수 있다. 창창한 앞날이 보장되어 있기 때문이다. 어떤 것도 젊음의 도전을 막을 수 없다. 가장 큰 무기인 젊음을 이용하자. 젊은 당신은 세상에서 가장 부유한 사람이다. 그래서 세상을 향해 도전하고 세계 무대에서 인생을 경영해야 한다.

여행이 삶이 되고, 삶이 여행이 된 여행 작가

불면의 밤을 보내던 어느 날, 이런 질문을 해보았다.

안정적인 직장 생활을 이어 가면서 승진하고, 돈 벌어 집도 사고... 그렇게 잘 나가다가 퇴직한 후, 나이 먹어서야 비로소 떠난다고 했을 때 과연 나는 행복할까. 아무리 백번 고쳐 생각해도 행복할 것 같지 않았다. 만약 그렇게 살다가 죽는다면, 죽어도 눈을 못 감을 것 같았다. 사람마다 인생관, 가치관이 다르겠지만, 나는 정말 절실했다. 열정을 가슴 한 가득 안고 저 미지의 세계를 방랑하고 싶었다. 단순히 해외 풍물을 보고 돌아오는 가벼운 여행이 아니라 세상 끝까지 떠돌며 사람을 만나고 모험을 즐기는 방랑을 원했던 것이다. 안정되게 살다가 자리에 누워 회한에 싸인 채 죽는 것보다 길을 가다 쓰러져 죽는 것이 차라리 행복하다는 생각이 들었다. 어차피 직장 생활을 계속해도 언젠가는 나올 곳이다. 언젠가 우리 모두 종착점에서 만날 텐데 어느 길을 가든, 자기가 가고 싶은 길을 가는 게 중요하다고 생각했다.

여행 작가 A씨. 그에게 여행은 단순히 보고 느끼는 즐거움이 아니라 낯선 곳에서 누리는 익명의 자유와 경계인으로서의 자유이다. 그래서 그는 자꾸만 배낭을 메고 밖으로 나갔다. 그 자유는 한번 맛보면 쉽게 잊을 수 없는 중독 같은 것이었다. 여행을 떠날 땐 가벼운 소풍 길처럼 흥이 났고, 삶 자체가 문득문득 여행처럼 느껴지기 시작했다. 잠시 이 세상에 머무는 동안 세상에서 가장 가치 있는 일은 바로 '하고 싶은 일'에 영혼을 불태우는 것이다. 그는 헛된 욕망과 허영심에서 비롯된 '하고 싶은 일'이 아니라 자신의 내면 깊숙이 자리 잡은 본능을 찾아 그것을 재능으로 꽃피우는 일을 하고 싶었다. 그는 꼭 30세가 되던 해에 회사에 사표를 내고 배낭 하나 달랑 메고 세상을 향해 떠났다. 저 넓은 세상을 방랑하며 여행을 삶처럼 살고 싶다는 다소 히피적인 욕망을 갖고 길을 떠났다. 20년 동안 아시아, 인도, 중동, 유럽, 아프리카, 러시아 등지를 다녔으며, 못 가본 곳은 평생 천천히 여행할 생각이란다. 그는 꿈이 달콤한 만큼 현실은 쓰고 맵다는 것을 혹독하게 배우고 있다.

"여행을 시작한 후 가장 좋은 것은 자유롭다는 것입니다. 여행 자체가 자유롭고, 여행을 매개로 한 직업이 자유롭다는 것이지요. 틀에 박힌 시간 스케줄, 관념을 벗어나, 자유롭게 세상을 바라보고 살아갈 수 있다는 것입니다. 가장 좋았던 시절은 처음 여행을 시작한 후, 약 5년간이었는데 그때는 자유 그 자체로 방랑 생활을 했습니다. 제 삶은 여행 그 자체였지요. 그 희열에 찬 자유로운 시절은 제 인생의 클라이맥스였습니다. 그 후에는 한국에 뿌리를 내리고 활동하며 1년에 3분의 1 정도 여행하면서 여행과 삶을 병행했습니다. 이런 길의 좋은 점은 '은퇴'가 없다는 것입니다. 저 자신과의 싸움이면서 동시에 즐거운 놀이입니다. 그저 유목민처럼 유랑하던 저의 삶은 언제나 축제였습니다."

그는 지식을 통해서가 아니라 삶의 체험 속에서 기쁨과 고뇌를 느끼며 앞으로도 계속 길을 가고자 한다. 그는 철학자도 아니고 구도자도 아닌, 다만 길을 끝없이 가고자 하는 '여행자'

로서 자기 자신에게 솔직한 모습으로 살고 싶다. 가끔은 유목민처럼, 가끔은 운명론자처럼, 가끔은 세상에서 밀려난 경계인으로서의 분위기를 풍기지만 현실에서 땀 흘리며 열심히 살고싶은 평범한 사람이기도 하다.

그는 지금에 와서야 깨닫는다. 여행이란, 결국 '절대 평화의순간'을 발견했을 때 황홀함을 느끼기 위한 것이라는 것을. 그리고 여행이 현실과 괴리된 것일 때는 여행의 매너리즘에빠져 보기 흉한 것으로 변질된다는 것을.

그는 여행을 시작한 이후 각종 매체에 여행에 관련한 글과사진을 기고했고, 여행사에서 일한 적도 있으며 방송에 출연하고 대학이나 기업체, 공무원들 대상으로 여행 관련 강의를 해왔다. 자신을 '여행가'라고 말하는 그는 여행 작가의 길을 걷고있다. 그리고 처음 길을 떠났을 때의 마음 그대로, 지금도 마음이 내키면 언제든 배낭을 꾸린다.

"여행은 지금도 계속 할 것입니다. 그것은 제 삶인 동시에직업이기 때문이지요. 다만 예전에는 해를 넘기는 장기 여행을 주로 하여 한국에 있는 시간이 별로 없었지만 요즘은 여행과 일을 동시에 균형 있게 병행하고 있습니다. 지난 세월에는즐거움과 희열, 고민, 좌절, 방황, 경제적 어려움 등이 섞여 있었습니다. 그것을 겪는 과정에서 제 정체성과 가치관이 형성되었고 그 과정이 꽤나 힘들었지만 오히려 긍정적이고 힘차게 살아가는 힘을 얻었습니다.”

그는 일과 생활을 포기하고 무조건 떠나는 여행보다는, 일과 적절하게 조화된 여행이야 말로 자신을 더욱 발전시킬 수 있는 자극제 역할을 한다고 말한다.

사실 일과 여행 사이의 경계는 모호하다. 어느 날 미치도록 떠나고 싶어, 다니던 회사에 사표를 내고 떠난 여행길에서 ‘여행가’라는 새로운 직함을 만든 사람.

수많은 여행을 통해 자신이 진정 해야 할 일을 발견한 사람들을 종종 보게 된다. 그래서 여행은 단순히 떠나고, 현지에서 경험하는 것으로 끝나지 않는다. 사람에 따라 자신의 인생을 송두리째 바꿔놓는, 자기 체험도 하게 된다. 진정 원하는 것이 무엇인지, 진정 하고 싶은 것이 무엇인지, 앞으로 어떻게 살아야 할지에 대한 답을 조금이나마 발견할 수 있다. 이 모든 것은 ‘여행’이기에 가능하다.

아직 진로를 뚜렷이 정하지 못한 대학생이나, 진정 어떤 일을 하고 싶은지 막연한 취업 준비생, 나아갈 방향을 잃고 방황하는 청춘이 있다면 먼저 세상 밖으로 자신을 던지라고 말하고 싶다. 낯선 곳에서 끊임없이 부딪히고 낯선 모든 상황들을 겪어보라. 그 속에서 어렴풋이나마 희망과 미래를 발견할 것이다. 우물 안에 있을 때는 절대 모른다. 오직 세상 밖으로 나갔을 때 돌파구를 찾을 수 있다. 그렇게 세상 밖에 있을 때, 속과 끝을 알 수 없는 인생의 방향을 조금씩 찾아나갈 것이다.

창의력 발휘는 100% 재충전 효과, 잘 쉬는 기술을 배워라!

젊은 당신! 세상 그 어떤 것도 당신을 이기지도 넘어서지도 못한다. 그래서 당신은 세상에 두려울 것이 없다. 오직 세상을 향한 도전만 있을 뿐이다. 젊음과 건강만 있다면 당신은 인생의 가장 큰 재산을 가진 것이다. 그 재산을 젊은 시절에 써야 한다. 우물 안에서 쓰는 것이 아닌, 세상 밖에서 모든 열정을 소비해야 한다.

노블레스 노마드는 '휴테크'를 적절히 활용할 줄 안다.

'쉬다休'와 '기술Tech'을 합성한 신조어가 '휴테크'다. 창의력이 미래를 이끌어 나갈 중요한 키워드라는 것을 고려해 보면 '휴테크'가 지닌 잠재적인 가치는 무한하다. 하지만 아직까지 우리는 제대로 잘 쉬는 법에 대해 '학습'받지 못했다. 자신을 먼저 경영하는 사람만이 세상을 경영할 수 있다. 일과 휴식 사이에서 현명한 경영자가 되어야 한다. 일 년에 한두 번쯤은 아주 낯선 곳으로 여행을 떠나보자. 그래야 자신을 좀 더 잘 볼 수 있다. 낯선 곳에서 겪는 경험을 통해 '내가 누구인가'를 돌아보자. 일상이 아닌, 낯선 곳에서 발견한 '나 자신'은 '이제껏 알고 있는 나'와 전혀 다를 수 있다.

여행은 그저 보고 즐기는 것이 아니다. 자신의 내면을 들여다보고 반성하는 기회로 만들어야 한다. 또한 지금까지 '내가 알고 있던 나'가 아닌, '또 다른 나'를 발견하는 거울이 된다. 인생의 궁극적인 목적은 '행복'이다. 하지만 일만 하면서 행복을 느끼는 사람은 없다.

21세기는 창의성의 시대라고 말한다. 한 사람의 천재가 10만 명을 먹여 살릴 수 있다. 모든 사람이 천재가 될 수는 없지만 자기만의 특출한 재능을 가질 수는 있다. 이러한 재능은 창의성에 의해 키워진다. 그렇다면 어떻게 창의성을 발휘할 수 있을까.

문화심리학 박사 김정운 교수는 "창의성을 키우는 가장 중요한 요소는 진정한 휴식"이라고 말한다. 그는 휴식에 대한 인식부터 바꾸라고 한다. 일을 으뜸으로 생각하는 한국인들은 휴식에 대해 어떤 죄의식을 갖고 있다고 한다. 열심히 일하는 사회에서 쉰다는 것은 게으른 것 같고 남들에게 뒤쳐진다고 생각한다. 하지만 휴식은 창의성과 생산성을 위해 반드시 필요하기 때문에 일부러 시간을 내어 쉬어야 한다고 강조한다. 그런 의미에서 사도 요한의 이야기는 시사하는 바가 크다.

사도 요한은 에베소에서 지낼 때 취미 삼아 비둘기를 길렀다. 그러던 어느 날, 지방 관리가 사냥에서 돌아오는 길에 요한의 집에 들렀다. 요한이 비둘기와 재미나게 장난치는 것을 보고 지방 관리는 나이도 많은 사람이 쓸데없는 일로 시간을 보낸다며 점잖게 꾸짖었다. 얘기를 듣고 있던 요한은 지방 관리가 어깨에 메고 있던 화살을 보고 화살 줄이 늘어졌다고 말해주었다. 그러자 지방 관리가 말했다.

"활을 사용하지 않을 때는 줄을 풀어 두어야 합니다. 항상 팽팽하게 해두면 탄력을 잃어 사냥감을 제대로 맞힐 수 없기 때문입니다."

그 얘기를 들은 요한이 대답했다.

"나도 지금 내 마음의 줄을 쉬게 하는 중입니다. 그래야 진리의 화살을 정확하게 날려 보낼 수 있을 테니까요."

이 예화처럼 휴식은 누구에게나 절대적으로 필요하다. 늘 긴장된 상태로 살 수 없기 때문이다.

"기업이건 사람이건 때때로 쉬면서 과거를 정리하고 미래를 생각해야 합니다. 휴식은 대나무에 비유하자면 마디에 해당합니다. 마디가 있어야만 대나무가 자랄 수 있듯이 사람도 기업도 중간 중간에 쉬어야 강하고 곧게 성장할 수 있습니다."

일본 혼다자동차의 창업자 혼다 소이치로의 말이다.

휴식을 취함으로써 심신의 긴장을 풀고 일할 때와는 또 다른 관점에서 새로운 생각과 아이디어를 산출할 수 있다. 이는 의외로 성과로 이어지기도 한다. 즉석 사진기가 만들어진 계기를 보면 휴식이 어떻게 작용하는지 알 수 있다.

어느 날 신제품 구상으로 고민하던 에드윈 H. 랜드는 딸의 사진을 찍어주며 놀고 있었다. 딸아이가 찍은 사진을 바로 보고 싶다고 얘기하는 것을 듣고 즉석 사진기에 대한 아이디어를 떠올렸고 지금의 폴라로이드 회사가 되었다. 창의성은 아이디어의 숙성을 필요로 하는데 휴식이 그 숙성 기간을 제공하는 역할을 한다. 그렇다면 가장 좋은 휴식은 무엇일까?

첫째, 몰입할 수 있는 인생의 테마를 찾아야 한다. 심리학자 칙센트미하이에 의하면, 사람은 몰입할 때 최대의 행복을 느낀다고 한다. 우리는 어린 시절 몰입의 즐거움을 기억한다. 친구들과 골목대장 놀이, 소꿉놀이, 얼음판 위의 썰매 타기, 만화책에 푹 빠졌던 기억 등등. 하지만 나이를 먹어가면서 몰입의 능력을 점차 잃어버린다. 지금이라도 인생에서 몰입할 수 있는 테마를 찾아야 한다. 붓글씨도 좋고 뜨개질도 좋고 자전거 타기, 공연 관람, 독서, 악기 연주 등 자신의 취향에 맞는 그 어떤 것도 좋다. 오늘부터 당장 실행해보자.

둘째, 소소한 일상에서 즐거움을 발견하는 것이다. 휴식이나 행복은 그리 거창한 것이 아니다. 꼭 날을 잡고 이벤트를 벌이고 시끌벅적해야 찾아오는 것이 아니다. 사회적으로 성공하고 돈을 많이 벌어야 얻을 수 있는 것은 더더욱 아니다. 긍정적인 생각을 하는 것, 하고 싶은 일을 즐기는 것, 주변 사람들과 원만하게 잘 지내는 것, 가족 간에 따뜻한 사랑을 주고받는 것 등 사소한 것들이 행복의 원천이다. 먼저 나 자신을 사랑하고, 내 주변 사람들을 사랑한다면 더불어 사는 소박한 행복을 느끼게 된다.

셋째, 일상에서 빠져 나와 보는 것이 필요하다. 가장 큰 휴식은 일상을 떠나 새로운 세상을 경험하는 것이다. 누구나 여행을 좋아하고 미지의 세상을 꿈꾸는 이유도 바로 이 때문이다. 일상을 떠나 새로운 경험을 해보는 것이 진정한 휴식이다.

매일 사무실에 앉아 컴퓨터 하는 사람에게는 도끼로 나무를 패는 것이 휴식일 수 있고, 육체노동을 하는 사람에게는 조용한 곳에서 책을 보는 것이 휴식이다. 밖으로만 돌아다니는 영업 사원에게는 간만에 소파에 누워 텔레비전을 보는 것이 휴식이고, 갑갑한 실내에서만 일하던 사람에게는 등산하면서 맑은 공기를 마시는 것이 휴식이다.

젊은이라면 적극적인 휴식의 개념이자 새로운 세상을 경험하는 '여행'을 즐겨야 한다. 시간이 없다면 일부러 만들어야 한다. 기회는 마냥 주어지는 것이 아니라 자신이 만들어 가는 것이다.

한국의 40대 남성의 사망률이 여성의 세 배인 것, 오랫동안 일은 하지만 성과가 나지 않는 것, 인생이 늘 답답하고 지루하게 느껴지는 것 등은 휴식의 중요성을 간과해서 발생하는 문제다. 사람은 일하는 기계가 아니다. 마디가 있어야 대나무가 자랄 수 있는 것처럼 우리 인생도 한 박자 쉬어가는 지혜가 필요하다. 이는 누가 시켜서 되는 것이 아니라 본인 스스로가 자각하고 실천해야 한다. 젊은이라면 끊임없이 '나를 재충전하는 습관'을 가져야 한다.

재충전은 기대 이상의 효과를 발휘한다. 우리는 바쁘게 일하는 것이 잘 사는 것이고 한가롭게 사는 것은 사회악으로 여긴다. 또 돈이 되는 일은 가치 있는 일이고 돈과 상관없는 일은 잡일로 생각한다. 그래서 회사 일은 신성시하고, 나머지 일은 등한시한다. 특히 집안일은 주부의 일로 간주하고 손 하나 까닥 안 하는 남자들이 많다. 자신이 하고 싶지 않은 것은 성가신 일로 생각한다. 이런 잣대로 본다면 웬만한 일은 다 잡일이 된다. 사랑하는 사람과 함께 하는 산책, 가족과 함께 대화하는 시간, 집안 청소, 책상 정리, 밀린 책 읽기, 조깅, 등산 등을 잡일이라고 할 수 있을까. 이것은 재충전을 하는 소중한 시간이다. 일과 재충전이 적절하게 조화를 이룰 때 창의성이 키워지고 삶의 활력소도 생긴다.

'경제귀족' 보다 '문화귀족'이 되어라

젊다는 것은 대단한 특권이다. 젊음은 거칠 것 없는 자유와 열정을 발산한다. 하지만 많은 젊은이들은 이러한 특권을 모르고 지나친다. 젊음은 그것을 얼마나 가치 있게 소비하고 즐기느냐에 따라 인생이 달라진다. 경제적으로 안정적인 삶을 사느냐, 정신적으로 풍요로운 삶을 사느냐를 고민할 때다.

유럽의 귀족이나 자본가는 태어날 때부터 일생동안 먹고 살기 위해 일할 필요가 없는 사람들이다. 선조로부터 물려받은 자산이 있어서 별장이나 크루즈를 타고 다니면서 여유를 즐기고 살고 있다. 하지만 지금은 돈이 아니라, 정신적인 여유와 풍요가 중요한 가치가 되었다. 행복은 우리를 지탱해주는 근거이며 목적이다. 여기에서 행복은 조건을 내세운 '미래의 행복'이 아니라 진행형으로서의 '현재의 행복'이다. '현재의 행복'은 자신이 원하고 즐거워하는 일에 몰입할 때 자연스럽게 온다. 진정으로 행복하고 싶다면 지금 당장 재미있는 일을 선택하라. 성공은 그 뒤에 자연스럽게 따라온다. 즐거움을 모르는 사람은 진정으로 성공했다고 할 수 없다. 왜냐면 행복하지 않기 때문이다.

진정 현명한 사람들은 거추장스런 물건을 던져버리고 영혼이 충만하고 몸과 마음이 풍요로운 삶을 찾아 떠난 사람들이다. 다른 사람 눈치 볼 필요 없이 바람 따라 마음 따라 원하는 방향으로 현재진행형의 인생을 살아가고 있다. 귀족이 따로 있는가. 즐거움과 행복을 만끽하는 사람이 누구를 부러워할 것인가. '경제적으로 풍족한 귀족'이 아니라 '정신적으로 충만한 귀족'이 되어야 하는 이유다. 여기서 가장 중요한 것은, 한 살이라도 젊었을 때 실현해야 한다는 것이다.

언젠가 인터넷에서 '80세 노인, 16년 동안 걸어서 세계여행 중'이라는 제목의 기사를 읽었다. 무려 16년이나 세계 66개의 나라를 도보로 여행하고 있는 한 할아버지의 이야기였다.

지난 16년 간, 45kg이 넘는 등짐과 자신의 키만큼 긴 나무막대만 지닌 채 전 세계 66개의 나라를 도보로 여행한 노인이 있어 화제다. 80세의 노익장을 과시하고 있는 이 사람은 미국인 해리 맥기니스 씨. 007 시리즈의 주인공 로저 무어를 닮은 얼굴과 튼튼한 두 다리에서 80세의 흔적을 찾아 볼 수 없는 맥기니스 씨는 미국 언론들과의 인터뷰에서 자신의 건강 비결을 '운동'이라고 밝혔다.
맥기니스 씨를 12만 9천km의 대장정 길에 오르게 만든 것은 어린 시절 보았던 이국적인 사진들이었다. 대공황이 시작되기 전인 1927년 인디애나 주 시골에서 태어난 그는 어린 시절 알파벳을 익히기 위해 '내셔널 지오그래피'를 수없이 들여다보았다고.

원래 한곳에 정착하기보다는 끊임없이 새로운 일에 도전하기를 좋아했다는 맥기니스 씨는 55세가 되던 1983년 미국 50개 주를 도보 여행하기로 결심하고 4년간의 여행을 성공적으로 마쳤다. 그러나 마지막 결혼 생활(그는 총 5번의 결혼과 이혼을 경험했다)마저 실패하자 1992년 오랜 시간 염원하였던 일을 실행하기로 한다.

어린 시절 사진으로만 보았던 세상을 가급적 교통수단은 이용하지 않고 도보로 여행하기 시작한 것. 아일랜드의 더블린에서 시작된 지난 16년간의 여행은 중부와 동부 유럽, 아프리카, 동남아시아를 거쳐 현재 남아메리카에서 계속되고 있다. 그의 여행은 중앙아메리카와 멕시코를 거쳐 미국 텍사스 주에서 마무리될 예정이다. 지금도 종종 2차 세계대전 군인 시절 얻었던 별명인 '호크(매)'로 불린다는 그는 자신의 홈페이지를 통해 여행의 모든 것을 많은 사람들과 공유하고 있다. 여행이 마무리 되는 2010년 이후에는 여행을 통해 얻은 것을 책으로 펴낼 것이라는 그는 100세 때에도 자신이 좋아하는 테니스를 치고 싶다는 '소박한' 꿈을 밝혔다.

- 출처 : 팝뉴스, 2008년

이 기사를 읽고 80세 노인이 대단하다는 생각과 함께 약간의 아쉬움도 느꼈다. 만약 이 할아버지가 젊은 날에 이런 도전을 했더라면 어땠을까. 물론 건강하다면, 여행은 나이와 상관없을지 모른다. 하지만 인생의 쓴맛 단맛 다 보고 난 뒤에 뭔지 모를 허탈감으로 세계를 다니는 것이 그리 유쾌해 보이지 않는다. 종일 걸어 다니면 만만치 않은 체력이 필요한데, 기후, 풍토, 음식, 숙박 등 녹록치 않은 낯선 환경 속에서 언제까지 여행을 이어갈 수 있을지도 걱정이다. 기사에 나왔듯 할아버지는 전쟁 세대로서 당시는 여행 자체를 꿈도 못 꾸는 시대였다.

세상은 많이 변했다. 지금은 첨단의 디지털 기술이 지배하는 글로벌 네트워크 시대다. 시시각각 세계에서 일어나는 사건, 사고들이 인터넷과 국제 뉴스를 통해 실시간으로 전송된다. 이런 시대에는 세계가 하나의 지구촌이다. 따라서 지구촌 구석구석 밟는 것이 어쩌면 젊은이의 의무라고 할 수 있다. 피 끓는 젊음의 열정과 결단만 있으면 된다.

젊다는 것은 그 자체로 이미 부자다. 누구에게나 창창한 앞날이 펼쳐지기 때문이다. 어떤 상황도 젊음의 도전을 막을 수 없다. 젊음의 특권을 알고 이를 적극 활용하는 사람이 현명한 이 시대의 젊은이다. 광활한 세계무대에서 젊음의 패기와 열정을 불태우자.

경험에도
시기가
있다

'내 나이 올해 서른, 30대에 접어들었다. 30대에 나는 무엇을 해야 할까? 우왕좌왕 갈피 못 잡고 훌쩍 가버린 20대. 지난 시절을 돌이켜 보면 아쉬움만 남는다. 하지만 후회하고 있을 순 없다. 내가 20대에 경험하지 못했던 것들, 30대에는 원 없이 누려 보고 싶다. 그러면 앞으로 10년 후의 40대를 당당히 맞이할 수 있을 것 같다.'

꼭 서른 살이 되었을 때 썼던 일기의 한 대목이다.

'지금이 아니면 언제 이런 경험을 할 수 있을까?'

각 세대는 나름대로 특징이 있고 그 시기에 꼭 하고 싶은 일, 해야 할 일들이 있다. 무릇 제 나이 대에 맞는 생활양식이 있는 법이다. 만약 40대에 다시 공부를 시작했다 해도, 학업에 매진하는 10대의 두뇌와는 차이가 날 것이다. 또 20대에 떠난 배낭여행과 50대 이후의 노후 여행은 분명 다를 것이다. 이처럼 그 시절의 경험들은 값으로 따질 수 없는 귀중한 가치를 지닌다. 그렇다면 그 시절에 하지 않으면 안 될 일은 무엇이 있을까. 나이를 먹어도 '멋지게 살았다'고 자부할 수 있는 내 인생, 과연 어떻게 꾸려나갈 것인가. 지난 시절을 돌아봤을 때 후회 없이 살았노라고 자신 있게 말할 수 있는 생활 방식이 있을까.

필자가 초등학교에 들어가기 전, TV와 라디오 등에서 많이 들었던 구호가 있다.

'잘 살아 보세, 잘 살아 보세, 우리도 한번 잘 살아 보세'

당시 우리 사회 전반에서 외친 이 구호를 따라 부르며 전 국민들은 '새마을 운동'에 동참했다. 필자가 태어났던 1970년 대의 풍경이다. 동네 사람들은 너나 할 것 없이 새벽부터 일어나 골목과 앞마당을 쓸었다. 당시 우리의 생활상은 당장의 배고픔을 면해야 했기에 개인의 권리라든가 자유, 행복은 멀리 있었다. 그때는 오로지 근면과 성실함으로 잘 먹고 사는 것이 최고의 가치였다. 그렇다면 40년이 흐른 지금은 어떤가?

물질적인 풍요는 이제 넘치다 못해 비만, 성인병 등 각종 질병을 불러왔고, 오히려 버리고 사는 시대가 되었다. 지금은 정신적인 만족과 건강, 행복이 가장 가치 있는 세상이 되었다. 세상은 상상도 못할 만큼 많이 바뀌었다. 그러니 라이프스타일도 달라질 수밖에 없다. 그런데 아직도 예전의 사고방식과 타성에 젖어서 사는 사람들이 많다. 자신의 의지보다는 사회가 만들어 놓은 틀에 갇혀, 한마디로 재미없는 인생을 살고 있다. 오늘도 회색의 콘크리트 숲을 분주하게 오가지만, 정작 자연의 푸른 숲은 보지 못한다. 정작 나에게 소중한 것이 무언지 깨닫지 못하고 그럭저럭 살아간다. 너무 바빠서 정신없어서 일상의 작은 여유도 모른 채 무미건조하게 사는 건 아닌지, 한번 돌아보자.

머지않아 100세 시대가 열린다고 한다. 하지만 문제는 '얼마나 오래 사느냐'가 아니고 '어떻게 사느냐'는 것이다. 나이가 들수록 더욱 간절해지는 것이 '삶의 질'이다. 우리 사회에서 20대, 30대, 40대, 50대 등으로 산다는 것은 무엇일까. 각 세대는 나름대로 고민이 있다. 그리고 세상살이는 그리 녹록치 않다. 10대는 학생으로서 공부에 열중하는 시기, 20대에는 자신

의 인생 방향을 정하고 준비하는 시기, 30대와 40대는 사회의
중심축으로 왕성하게 활동하는 시기이다. 그리고 50대 중반이
넘어가면 대부분이 직장을 떠나 '제 2의 인생'인 노후를 맞는
것이 인생의 사이클이다. 지금 '내가 어떻게 살아왔고, 앞으로
어떻게 살아갈 것인가?'를 진지하게 점검해보자. 그리고 젊은
시절에 꼭 해야 할 일들, 그 시절이 아니면 할 수 없는 것들을
고민해보자.

한 살이라도 젊을 때 떠나야 하는 이유

몇 년 전, 대한은퇴자협회가 50대 이상 남녀 231명을 상대로
'장·노년층 문화의식 조사'를 실시하였는데 그 결과 중에 흥
미로운 것이 있다. '여생에 꼭 하고 싶은 일'에 대한 물음에
'세계여행'이 전체 36%로 1위를 차지한 것이다. 그 뒤가 자원
봉사 등 사회참여활동(28%)이었다. 누구나 막연하게나마 '세
계여행'을 가슴 속에 품고 있다는 것을 알 수 있다. 하지만
대개는 실현되지 못하고 꿈으로만 남는다. 흔히 이야기하는,
좋은 시절은 다 흘러간 것이다.

사례1

박 사장이라는 사람이 있다. 일찌감치 자수성가한 그는 젊은
시절부터 일에 묻혀 살았으며 돈도 꽤 많이 벌었다. 그는 입버
릇처럼 쉰 살이 넘어서는 일을 안 하고 골프나 치고 여행 다니
면서 인생을 즐기겠다고 말했다. 그리고 실제로 그 꿈을 이루
었다. 50대가 됐을 때 그동안 축적한 재산으로 여생을 넉넉히
보낼 수 있었다. 주위 사람들은 성실하고 능력도 있으며 부자
가 된 그를 부러워했다. 자신의 오랜 소망대로 여행 다니며

편안히 여생을 즐길 줄 알았던 박 사장. 그런데 어찌된 일인지, 그는 얼마 지나지 않아 다시 일을 시작했다. 일이라면 이골이 날 법한 그가 또다시 일을 하게 된 것이다. 그 이유에 대해 그는 이렇게 말한다.

"은퇴 후, 처음에는 세상을 모두 얻은 것 같았습니다. 더 이상 일찍 일어날 필요도, 일에서 스트레스 받을 일도 없었어요. 전국에서 맛있다는 집은 다 찾아다니고, 아내와 골프 치고 이국의 휴양지에서 한가하게 그야말로 꿈같은 시간을 보냈지요. 한동안은 일에서 해방되어 아무 걱정 없이 펑펑 돈 쓰면서 즐겁고 행복했습니다. 그런데 6개월 쯤 지나자 놀고 먹는 이 생활이 슬슬 지겨워지는 겁니다. 골프 치는 것도 하루 이틀이고 여행하는 것도 한두 번이지……."

그는 젊은 시절부터 자신이 그토록 열정을 쏟았던 일이 슬슬 그리워지기 시작했다. 아침에 출근하고 직원들과 회의하고 저녁에는 고객을 만나 접대하고… 수십 년간 해온 일이 그에게는 너무도 익숙해져 있었다. 그러면서 청춘의 좋은 시절을 일만 하느라 변변한 추억 하나 남기지 못하고 흘려보낸 것을 후회했다.

"젊었을 때는 뒤도 돌아보지 않고 누구보다 열심히 일하며 살았습니다. 나이 들어 퇴직하게 되고 시간과 경제적인 여유가 생기면 그때 푹 쉬고, 여행 다니면서 살고 싶었습니다. 하지만 이런 휴식과 여행이, 일과 병행돼야 더 즐겁고 가치가 있다는 것을 젊었을 때는 왜 몰랐는지, 돌아보면 바보같이 산 것 같아 무척 후회가 됩니다."

사례2

몇 년 전, 필자는 불황에도 장사가 잘 되는 음식점을 취재했는데 그 중 한 곳이 동대문시장 뒷골목에 자리한 생선구이집이다. 좁은 골목의 허름한 외관, 테이블 몇 개 놓은 작은 식당이지만 종일 손님들로 북적거린다. 연탄불에 직접 굽는 생선구이 백반은 인근의 상인 등 이른 아침부터 밤까지 손님들로 꽉 찼다. 그 식당이 방송에 소개되자 정년퇴직한 사람들이 찾아와 조언을 구했다고 한다.

"정년퇴직한 사람들이 찾아와서 하는 얘기가 퇴직금으로 작은 식당이라도 하고 싶은데 어떻게 할 수 있냐고 하더라고요. 그들은 퇴직 후 처음에는 돈도 있고 시간도 많겠다, 산으로 바다로, 비행기타고 해외여행도 다니면서 마냥 놀았다고 합니다. 그런데 한 6개월 정도 그렇게 다녀보니 그 생활도 슬슬 지겨워지고, 다시 뭔가 일을 해야겠다는 생각이 들더래요. 아직 건강하고 팔팔한데 아무 할 일이 없으니까 무기력해지고 빨리 늙는 것 같다고요. 돈이 있어도 마냥 노는 것은 더 힘들다고 합니다."

이 두 사례에서 보면 사람은 나이가 들어도 건강하다면 뭔가 끊임없이 활동해야 함을 알 수 있다. 할 일 없이 남아도는 시간과 무엇을 할지 갈피를 못 잡는 상황은 무기력과 고통만 안겨줄 뿐이다. '좋은 시절'을 일로만 흘려보낸 박 사장. 그가 후회하는 것은 청춘에 대한 미련이다. 젊은 시절 일 하면서 적당히 여유도 즐겼더라면 어쩌면 은퇴 후에 찾아오는 시간을 알차게 보냈을 것이다. 젊을 때부터 일에만 빠진 사람들은 그 생활에 익숙해져 있기 때문에 나중에 경제적 여유와 시간이 나더라도 제대로 놀 줄을 모른다. 대개 사람들은 열심히 일해서 경제적으로 넉넉해지는 것이, 인생 최고의 가치로 여긴다. 하지만 세상은 많이 변했다. 세계가 하나의 네트워크로 연결된 글로벌 시대에는 사는 방식도 달라질 수밖에 없다. 과거처럼 단순히 일 하고 돈을 버는 경제활동만이 전부가 아니다. 오히려 일과 재충전을 적절히 분배하면서 놀 때는 신나게 노는 사람이 창조적인 인간형에 가깝다.

프로 선수들이 실제 경기에 임하는 시간은 얼마 되지 않는다. 대부분은 훈련에 들어가는 시간이라고 한다. 경기장은 그런 훈련의 결과가 짧게 표출되는 장소에 불과하다. 직장인들도 마찬가지다. 무언가 준비하고 재충전하는 시간이 많아야 하루하루 나아지고 발전할 수 있다. 만약 재충전 없이 두뇌와 육체만 계속 소모한다면 금세 지칠 것이다.

사람들은 대개 나이가 들어 일을 놓게 될 때, 돈과 시간이 충분할 때, 그때서야 여행도 떠나고 여유를 즐기겠다고 한다. 하지만 그때가 되면 경제적 여유와 시간은 있을지 몰라도 젊음이라는 가장 큰 무기는 없다. 아무래도 혈기왕성한 청춘에 비해 체력과 열정이 덜 할 것이다. 또 사람들은 항상 이다음에 돈 많이 벌면 여행하면서 멋지게 살겠다고 한다. 지금은 먹고 살기 바빠서 여유가 없다고 한다. 그런 마인드로 살다가는 '언젠가 멋지게 살고 싶다'는 소망은 그저 꿈으로만 남게 된다. 한낱 꿈이 되지 않으려면 바로 지금, 한 살이라도 젊을 때 실천해야 한다. 평소에는 놀 줄도 모르고 여행도 모르고 살다가, 어느 순간 갑자기 놀고 싶고, 떠나게 되는 것이 아니다. 어디론가 떠나고 싶다면 지금 당장 실천하라. 꼭 목적지가 없더라도 최소한 지금 내가 발을 딛고 있는 공간에서 벗어나자.

경험을 통해 얻은 교훈은 인생을 살아가는 지혜

걷거나, 자전거를 타거나, 기차나 버스를 타거나, 캠핑을 하거나, 무전여행이든, 관광지 투어든, 휴양지에서 편안히 쉬는 여행이든, 발길 닿는 대로 떠나면 된다. 만약 수중에 가진 돈이 없다면 먼저 우리 국토부터 구석구석 걸어보자. 자전거나 오토바이로 우리의 아름다운 국토를 일주해도 좋다. 혹 멀리 나가고 싶다면 공사판에서 아르바이트를 해서라도 여행 경비를 마련해라. 이국적인 풍경이 보고 싶다면, 해변이 바라보이는 리조트에서 아무 생각 없이 며칠 푹 쉬었다 와도 상관없다. 이는 나를 위한 가장 아름다운 사치이자, 최고의 선물이다. 젊을 때일수록 가치 있는 소비를 해라. 당장 옷 사고, 가방 사는 것으로 나에게 투자하는 것이 아니라, 내 감성과 영혼을 충만케 하는 것에 투자하라는 것이다.

내 마음이 내키는 대로, 익숙한 환경을 벗어나 낯선 곳으로의 떠남을 통해 새로운 자신을 발견할 수 있다. 적극적으로 나를 계발한다고 생각하고 여행을 떠나자. 미지의 세계에서 부딪히면서 하나씩 인생을 배워간다. 젊은 날의 여행은 값으로 따질 수 없는 어마어마한 가치를 지닌다. 아직도 '나중에

여유가 생길 때, 또는 돈을 더 많이 벌어 놓은 후에 떠나겠다.'
고 생각하는 젊은이가 있다면 지금이라도 닫혀있는 생각에서
벗어나라.

사례1

몇 년 전, 나는 마카오와 홍콩 등지를 돌아보는 패키지 여행
을 떠났다. 그런데 공항에서 만난 사람들은 모두 50~60대의
어르신들이었다. 나이가 지긋한 사람들 속에서 어울리지 않게
젊은 여자 한 명이 끼게 된 꼴이다. 여행은 중국 심천, 홍콩,
마카오를 돌아보는 코스였다.

대부분 단체여행이 그렇듯 버스를 타고 다니면서 주요한 관
광지를 둘러보는 투어로 이루어진다. 그런데 연로하신 분들은
조금만 오래 걸어 다녀도 힘들어했다. 그저 편하게 버스 타고
가면서 풍경을 즐기는 데만 만족하였다. 또 한국에서 지내던
생활 습관을 외국이라고 해서 달라질 것 없는 모습이었다. 조
금만 걸어도 의자를 찾고 여행하다가 배고픈 것은 참지 못하
고, 꼭 매운 한국 음식을 먹어야 하고…….

60대의 체력과 20~30대의 체력은 다를 수밖에 없다. 어르신
들은 체력적으로도 힘들뿐더러 오랜 세월 굳어진 이들의 생활

습관은 여행지라고 해서 달라지지 않는다. 무엇보다 나이 들어서 떠나는 여행의 가장 큰 문제는 체력이 받쳐주지 않는다는 것이다. 또 체력뿐만 아니라, 젊은이들처럼 왕성한 호기심이나 열정도 덜 하기 때문에 제대로 여행을 즐기지 못하는 것이다.

우리 부모님 세대와 지금 세대는 비교할 수 없을 정도로 세상이 많이 달라졌다. 지금 중요한 삶의 가치는 자신을 만족시키는 충만한 감성이다. 하고 싶은 것을 실컷 즐기며 후회 없이 젊음을 발산하는 것이다. 그래서 한 살이라도 젊을 때 넓은 세상에서 더 많이 보고 듣고 온 몸으로 느끼라는 것이다.

특히 젊을 때의 여행은 편안한 것을 고집해서는 안 된다. 더 많이 걸어보고 스스로가 길을 찾아 나서고 낯선 상황을 즐겨야 한다. 때로는 예기치 못한 상황에 부딪히기도 하고 어려움도 겪게 되지만 그 상황마저 즐겨야 한다. 그것이 진정한 젊음이다. 낯선 곳에서 숱한 고생도 겪어 봐야 한다. 그래야 위급한 상황에서 어떻게 대처할 지 세상을 살아가는 안목과 지혜를 배우게 된다.

사례2

필자는 꼭 서른 살 되던 해에 처음 유럽 배낭여행을 떠났다. 첫 도착지인 네덜란드 암스테르담에서 이틀을 보내고 독일 라인강에서 유람선 투어를 했다. 라인강을 따라 유람하면서 주변에 우뚝 솟은 고성古城 등을 감상하는 것이었다. 고풍스런 고성이 하나씩 나타날 때마다 영어, 독일어, 일본어로 고성에 대한 유래 등 간단한 설명이 흘러나온다. 야외 선상에 앉아 햇빛을 맞으며 흘러가는 유람선 투어는, 그저 편안히 의자에 몸을 맡기고 강을 따라서 주변에 우뚝 솟아있는 중세의 고풍스런 성들과 그림처럼 예쁜 집 등 아름다운 풍경에 푹 빠지면 된다.

라인강 유람선 투어는 유럽 배낭여행에서 가장 편안하고 한가로운 시간이었다. 이 유람선 투어를 하는 동안 배 안의 사람들은 대부분이 노부부 등 나이가 지긋한 관광객들이었다. 그 속에 젊은 사람은 나와 친구 둘을 빼고는 거의 없었다.

여행이라는 것이 그렇다. 처음에는 모든 상황이 낯설고 뭘 모르기 때문에 내가 경험해 보지 못한 것들이 무조건 좋아 보이고 설레게 마련이지만, 막상 몇 번의 경험과 시행착오를 통해서 내가 진정으로 하고 싶은 여행 패턴을 발견하게 된다.

이는 자신이 직접 현지에서 경험해 보지 않고서는 터득할 수 없다. 라인강 유람선 투어를 하면서 생각했다. 내가 나중에 나이가 많이 들고 체력이 그리 튼튼하지 않을 때, 유럽의 노부부들처럼 남편과 손잡고 흐르는 강물 따라 유유자적 여유를 즐기겠노라고. 그리고 '나 서른 살 때 유럽 배낭여행에서 이 유람선을 탔었노라'고 추억할 것이다.

가장 빛나는 시기를 살고 있는 청춘에게 고함

젊다는 것은 많은 의미를 내포하고 있다. 인생에서도 가장 찬란한 시기인 청춘은 뭐든지 할 수 있다는 자신감과 패기가 있다.

젊다는 것 자체가 가장 큰 재산이자 특권이다. 하지만 정작 청춘들은 이런 사실을 묵과한다. '나'라는 사람, 내가 어떤 사람인가를 객관적으로 알려면 밖에서 '나'를 들여다봐야 한다. 우물 안에서 하늘을 보는 것이 아니라, 밖에 나가 세상 전부를 봐야하는 것이다. 그래야만 본인이 진정 놓치고 있는 것이 무엇인지, 현재를 반성하고 미래를 논할 수 있다. 결국 인생은 내 태도와 마음먹기에 달려있다. 내가 처해있는 환경도 얼마든지 바꿀 수 있다.

전 세계적인 베스트셀러로 3천만 부가 팔려나간 '영혼을 위한 닭고기 스프'는 3년 동안 33번이나 출판업자들로부터 거절을 당한 책이다. 그러나 잭 캔필드와 마크 빅터 한센은 실패했다고 좌절하지 않았다. 33번이나 거절당하면서도 다시 34번째 출판사를 찾아갔다. 물러서지 않은 이들의 힘은 바로 긍정적인 태도였다. 몇 번 거절을 당한 후 포기했다면 그들은 지금의 승리를 맛보지 못했을 것이며, 해마다 쏟아지는 수십억 원의 인세도 받지 못했을 것이다. 제프 컬러는 "우리의 태도는 타고난 것이 아니라, 얼마든지 노력과 훈련에 의해 달라진다."고 말했다. 일단 긍정적인 생각을 갖고 긍정적인 말을 연습하는 것이 중요하며 부정적인 말이나 항상 투덜대는 사람들과는 멀리 거리를 두고 부정적인 사람들에게는 조언을 구하지도 말라고 한다. 평소에 항상 긍정적인 말을 하고, 아주 멋진 영화를 찍는 것처럼 자신이 가장 바라는 모습을 영상화해서 자꾸 반복하다 보면 생각과 마음과 행동이 그 방향으로 나아가서 원하는 바를 얻는다는 것이다.

여행 역시 마찬가지이다. 현재 가진 것이 없고 나를 둘러싼 주변의 현실이 녹록치 않지만 긍정적인 사고와 적극적인 태도로 나선다면 여행 그까지껏, 못 할 이유가 없다. 나이 들어서 그때 여유가 생기면 떠난다고? 그때가 언제 올지도 모를 일이지만, 언제까지 체력이나 열정이 계속 되리라는 보장이 없다. 더구나 점점 나이가 들면서는, 젊었을 때 가졌던 패기만만함과 열정이 삭아들 것이다. 세상의 모든 현상과 사물에 대해 관심이 있고 호기심이 많을 나이, 즉 왕성한 체력과 편협하지 않은, 자유로운 정신세계를 가지고 있는 20대에 세상을 경험해야 한다. 수많은 경험들은 앞으로 자신이 어떻게 인생을 꾸려갈지에 대한 해답을 던져줄 것이다. 따라서 젊음의 특권을 자유로이 누릴 수 있는 젊은이가 지혜롭고 현명한 '21세기 글로벌 리더'이다.

20대의 자기애(愛)와 열망

미래를 준비하기엔 벅찬 세대. 하고 싶은 것도, 해야 할 일도 많고, 진로도 선택해야 하는 그들. 20대는 지금 혼돈 중이다. 젊은 열정과 패기, 자신감은 넘치지만 뜻대로 되지 않으면 쉽게 좌절하고 포기하는 것도 20대이다. 하지만 그 미숙함이 오히려 가능성이라는 것을 20대는 보여준다.

2011년 현재 20대는 어떤가. 청춘들은 지금 우울하다. 그들은 재학 중이지만 비싼 등록금과 하숙비, 생활비에 허덕인다. 학업에 열중해야 하지만 경제적 어려움으로 몇 개씩 아르바이트를 해야 한다. 학자 대출금 이자 갚기도 벅차고, 나날이 치솟는 전세금과 월세에 운다. 소위 '있는 집안'에서 태어나지 않는 한 대부분의 청춘들은 꿈을 펼칠 여유조차 없이 생활고에 시달린다. 어떻게든 학업을 마쳐서 취업을 해야 하지만 취업의 벽 역시 높기만 하다. 이런 악순환이 계속된다. 희망의 탈출구가 보이지 않은 것이 지금의 현실이다. 필자가 대학생이던 90년대 초반에는 이 정도로 어렵고 힘들지는 않았다.

녹록치 않은 세상살이를 배우면서 자신의 진로를 고민하는 세대. 자신을 둘러싼 사회 현실이 가혹하다고 느끼면서도 최대한 현실과 타협하려고 노력하는 그들. 또한 외모가 경쟁력이 된 시대에 살면서 20대는 자신을 적극적으로 가꾸는 일에도 소홀히 하지 않는다. 예전에는 운명이나 외모에 순응하며 살았지만 요즘의 20대는 적극적으로 외모와 실력이 경쟁력이라고 믿으며 자신의 운명을 바꿔 나간다.

요즘 20대가 만나는 사람의 범위가 넓은 것은 인터넷의 영향이 크다. 그들은 누구를 만나도 거침이 없고 선입견이 없으며 당당하다. 자신이 하고 싶은 것, 원하는 것에 대한 자부심도 넘치며 자신이 이 세상에 주인임을 잊지 않고 있는 세대다. 오히려 지나친 자신감은 때론 무모함이 되어 많은 시행착오를 겪기도 한다.

'인생은 순간 순간의 선택이라고 하지 않았던가?'

20대에는 '이럴까, 저럴까?'로 많은 번민과 고뇌를 하는 시기다. 수많은 선택의 기로에서 혼란을 겪게 되지만, 선택의 순간에서 나를 분명히 규정해야 한다. 이 시기에 나의 정체성을 찾지 않으면 30대, 40대가 되어도 나아갈 방향을 잃고 좌초하게 된다. 하지만 혼란스럽다는 것은, 곧 길이 보인다는 뜻이다. 그들은 '젊음'이라는 가장 강력한 무기가 있기 때문에 누구보다 건강하고 당당하다.

'20대에 하지 않으면 안 될 50가지'라는 책을 보면 20대에 열심히 달린 사람에게는 눈부시게 멋진 인생이 찾아온다고 말한다. 20대야말로 가장 한심스러울 수 있지만 또 인생에서 가장 찬란한 순간이기도 하다. 사람은 살면서 '반드시 해야 할 일'과 '하고 싶은 일'이 있다.

20대는 '내가 하고 싶은 일'을 분명히 정해야 할 때이다. 10대에는 두루두루 공부하면서 다방면에 지식을 키웠다면, 사회로 나오는 20대는 배운 지식을 바탕으로 '자신이 하고자 하는 일'을 분명히 정하고 여기에 투자해야 한다. 인생의 황금기인, 20대에 이루고 싶은 일, 꼭 해야 할 일은 무엇이 있을까? 바로 이 책이 강조하고 있는 화두, 그것은 20대일 때 자신의 주변 환경으로부터 벗어나 세상 밖으로 떠나라는 것이다. 사회에 첫 발을 내딛는 20대는 '우물 안의 개구리'에서 벗어나야 할 시기다. 내가 있는 곳에서 한 발짝 벗어나, 넓은 세상 속으로 들어가 보면 '나'라는 사람을 객관적으로 바라볼 수 있게 된다.

당장은 우리 국토부터 구석구석 밟아 보자. 사실 여행은 그리

큰돈이 필요하지 않다. 스스로의 의욕과 결단이 필요할 뿐이다. 튼튼한 다리가 있다면 그저 배낭 하나 메고 떠나면 되는 것이다. 사진으로만 봤던 외국의 유명한 유적지도 가보고, 이름 없는 산간마을이나 도시의 뒷골목도 가보라. 이제껏 내가 살아왔던 곳과는 전혀 다른 세상이 펼쳐질 것이며 교과서에서는 가르쳐 주지 않는, 인생의 무한한 지혜를 몸소 체험할 것이다.

20대에는 내 안의 피 끓는 열정을 발산해야 한다. 그것이 진정한 젊음이며 청춘인 것이다. 내가 모르는 세상이 궁금하다면, 그 땅이 어떤지 밟고 싶다면 지금 당장 배낭을 꾸려라.

30대의 성취와 결단

30대는 한마디로 애매모호한 세대다. 20대와 40대의 문화를 함께 지닌 '낀 세대'라고 할 수 있다. 그들의 애창곡 리스트는 트로트에서 랩까지 변화무쌍하다. 30대라는 나이테의 너비만큼이나 그들의 취향은 다양하다. 그들의 고민과 선택이 위아래 세대 사이에서 조화롭게 어우러진다면, 30대는 새로운 물결 Nouvelle Vague, 누벨바그을 이끌어나가는 세대가 될 수 있다.

30대에 접어들면서 싱글을 선택하는 이들이 만들어가는 문화가 있다. 이들은 결혼이라는 사회적 제도에 얽매이지 않고 자신만의 자유로운 분위기를 만끽하고 싶어 한다. 서른이 되면 뭔가 성취하고 싶고 나아가 이뤄질 거라고 기대한다. 하지만 서른이 되어도 여전히 똑같은 모습의 자신을 발견하면서 실망하게 된다. 그러나 30대는 많은 가능성이 열려있는 시기다. 서른이 되면서 자신의 꿈을 새롭게 찾을 수 있는 기회를 만들 수 있다.

30대 직장인들이 범하기 쉬운 오류는 자기가 속한 분야만 외골수로 빠지는 것이다. 그래서 여행을 통해 인생의 다양한 길을 발견하고 지혜를 얻어야 한다. 자신이 모르는 무궁무진한 세상을 배워야 하는 것이다. 20대에는 돈이 별로 없다. 하지만 30대는 당장 부자는 아니더라도 금전적인 여유가 생긴다. 돈은 벌기도 어렵지만 쓰기도 어렵다. 이때 소비를 어떻게 하느냐에 따라 삶의 질이 달라질 수 있다. 30대에는 미래를 위해 알뜰히 저축하는 것도 중요하고, 자신을 위해서 아낌없이 투자하는 것도 중요하다. 현명한 30대는 이 두 가지를 적절히 배분하여 후회 없이 현재를 즐기고 미래를 준비해야 할 것이다.

10년 후의 자신을 대비하고 준비하는 것도 30대부터다. 인생에서 청춘은 한때에 불과하다. 현명한 30대라면 자신의 10년 뒤를 내다 볼 줄 알아야 한다. 10년 뒤의 내 모습, 더 나아가 내 인생의 전체적인 청사진을 그려야 할 시기이다.

열정과 도전의 기록, 젊은 날의 비망록을 작성하라

인생에서 가장 아름답고 찬란한 청춘! 이 시기를 의미 없이 흘려보낸다면 젊은 날이 아름답다고 할 수 있을까.

후회하지 않을 젊은 날을 보내려면 어떻게 해야 할까. 가장 먼저 젊은 날의 비망록을 작성하라. 그 비망록은 피 끓는 열정과 도전의 기록이어야 한다. 그렇다면 어떻게 채워야 할까. 단도직입으로 '피 끓는 열정과 도전의 기록'은 '세상 밖으로의 모험과 경험'이다. 이러한 경험들을 젊은 날의 비망록에 차곡차곡 기록해야 한다.

그것이 바로, 당신이 가장 빛나고 아름다운 청춘을 보내는 유일한 방법이다.

예전에 이런 이야기가 있었다. 대학 시절을 후회 없이 보내려면 공부, 연애, 여행 세 가지 중 하나라도 원 없이 해보라는 것이다. 대학 생활 동안 공부에만 전념해 장학금을 받거나 수석으로 졸업한다면 대학 생활이 후회 없을 것이고, 또 연애를 많이 해보면 이성에 대한 관점이 넓어지고 나중에 배우자를 선택하는 데 좋은 경험이 된다는 이야기다. 마지막으로 여행에 빠져 세상의 다양한 경험을 해본다면, 앞으로 진로와 인생을 살아가는 데 유익하다고 한다. 필자의 지난 시절을 돌아보니 세 가지 모두 해당되지 않는다.

만약 필자가 20대로 돌아간다면 공부와 연애보다는, 여행을 택할 것이다. 돌이켜보면, 그 시절 여행하지 않은 아쉬움과 후회가 크게 남는다. 가장 찬란한 시기에 꿈과 계획 없이 무심히 흘려보낸 것 같아 허탈하기도 하다. 그 시절에 어떤 꿈과 목표를 갖고 노력했는지, 도무지 생각나는 것이 없다. 창창한 젊은 날이었지만, 정작 행복한 나날은 아니었음을 깨닫는다.

필자는 요즘 젊은 세대들이 '젊은 날의 비망록'을 꼭 썼으면 한다. 인생의 가장 소중하고 빛나는 시기에 비망록을 작성하다 보면, 자신이 진정 원하는 것이 무엇인지, 꿈을 향해 도전하게 되고, 앞으로 나아갈 진로를 모색할 수 있다.

젊은 날의 열정은, 매우 가치 있고 소중하다. 여행 경비를 마련하기 위해 공사장에서 막노동으로 땀을 흘리는 것, 원활한 세계 여행을 위해 영어회화에 열중하는 것, 여행 일정을 짜고 배낭을 꾸리는 것, 매일 일기를 쓰면서 앞으로의 꿈과 계획을 설계하는 것 등 젊은 날의 비망록을 작성하자. 이를 통해 차곡차곡 자신이 가야할 진로와 미래를 계획한다.

446일간 지구촌 구석구석을 몸으로 체험하며 얻은 교훈

대학 졸업한 후 외국계 패션회사에서 마케팅 업무를 담당했던 박영진 씨. 그는 입사 3년째 되는 해에 사표를 내고 세계 일주를 감행했다. 그의 세계 일주는 갑자기 시작한 무모한 도전이 아니었다. 신입사원으로 입사하면서부터 생각한 결심이었다. 세계 일주를 떠나려면, 많은 시간과 비용, 일시적이지만 사회와의 단절, 그 후에 맞게 될 현실적인 문제 등을 고려해야 한다. 따라서 현실을 직시하고 철저한 계획을 세우면서 공백 기간 이 후의 변화와 상황도 철저하게 대비해야 한다. 대개 30대 초반의 직장인이 그렇듯, 박 씨도 열심히 직장생활하면서 저축하고 미래를 준비했다. 그러면서 젊은 날에 진정 원하는 것을 찾기 위해 과감히 모험을 감행했다.

446일간 지구촌 구석구석을 몸으로 체험한 그는 "세계를 모르면 도전하지 말라"고 말한다. 왜 세계 여행을 해야 하며 무엇을 봐야하고 또 무엇을 얻을 것인지, 떠나기에 앞서 분명한 목적의식을 가지라는 것이다. 그리고 떠나는 것 자체가 목적이 아니라, '지금의 자신'을 더욱 발전시키고 계발하는 수단이 되어야 한다고 말한다.

그에게 세계 일주는 단순한 호기심과 모험이 아니었다. 그는 세계 일주를 업무의 연속선상에서 보았고 루트를 짜면서 3년간 철저히 준비했다. 15개월의 세계 일주를 위해 그 두 배의 기간인 30개월을 준비한 것이다. 여행 준비의 첫 걸음을 '시간 관리'라고 생각한 그는 업무와 출퇴근 시간, 식사시간, 자유 시간, 수면 등 하루를 백분율로 분석한 하루 시간표를 만들었다. 자투리 시간도 헛되이 보내지 않도록 철저한 계획을 통해 시간을 관리했다.

그가 세계 일주를 감행한 큰 이유는, 자신이 일하는 패션 분야에서 최고가 되기 위함이었다. 그의 꿈인 국제 사업가로서의 자질을 키우기 위해서는, 먼저 세계 곳곳에서 다양한 경험을 쌓는 것이 순서라고 생각했다. 일에서의 국제적인 감각을 키우기 위해 도전한 세계 여행에서 그는 뜻밖의 수확을 얻었다. 지구촌 구석구석을 다니면서 다양한 사람들을 만나고, 예상치 못한 일을 겪으면서 앞으로 어떤 마음가짐과 자세로 살아야 할지에 대한 인생의 진리를 깨달은 것이다. 세계 일주를 통해 얻은 값진 경험들은 젊은 날에 얻은 가장 큰 소득이었다.

"여행을 통해 세계 구석구석을 다니다보면 한국이 얼마나 작은 나라인지 깨닫게 됩니다. 자신이 밟고 있는 곳이 세상의 전부라고 생각하는 한국의 젊은이들에게 세상 밖으로 눈을 돌리라고 말하고 싶습니다. 먼저 자신을 극복하지 못하면 어떤 시련과 환난도 극복하기 힘듭니다. 젊음은 한때입니다. 기회가 무한정으로 생기는 것이 아닙니다. 젊은 날의 기회는 한 번 뿐이라는 생각으로 자신의 역량을 세상 속에 발휘해야 합니다. 지금이라도 갇힌 공간에서 벗어나 더 큰 세계로 나가는 용기를 발휘하세요. 특히 젊은이라면 세계 여행은 꼭 한 번 도전해볼 가치가 있습니다. 세상 속에 자신을 던져 보면, 그동안 자신이 얼마나 편협한 생각과 마인드로 속 좁게 살아왔는지를 깨닫게 될 것입니다."

박영진 씨는 세계 일주 후의 공백 기간도 무시 못 하는 현실임을 알아야 한다고 말한다. 세계 일주는 짧게는 1년, 또는 그 이상의 시간을 할애해야 한다. 만약 한국으로 돌아왔을 때 얼마간은 여행의 후유증이 있으며, 다시 자신의 자리로 오는 데 많은 시간이 걸리기도 한다.

따라서 확실히 떠나기로 결정했다면 여행의 목적을 분명히 하고 여행을 마치고 난 후의 현실까지 고려해야 한다. 후유증이 길어지고 자신이 돌아와야 할 자리를 찾지 못한다면 여행의 진정한 의미가 퇴색된다. 잘못하면 현실을 도피하게 되고, 환상만 심어주는 위험 소지가 있다. 따라서 철저한 준비와 함께 여행 후 무엇을 할지, 향후 진로와 상황을 염두에 두어야 한다.

"세계 여행은 결코 꿈과 환상이 아닙니다. 오히려 수많은 예기치 못한 상황과 위험, 고통이 수반되는 고행의 과정이기도 합니다. 이를 어떻게 잘 극복하고 자신의 것으로 만들어 승화시키느냐가 중요합니다. 바른 인성과 넓은 사고방식, 그리고 세상에 대한 달관된 자세는 세계 여행 시 꼭 필요한 자질입니다."

"여행의 가장 큰 매력은 어느 것에도 구애받지 않는 자유에 있다."는 그는 세계 여행 중에 프랑스의 휴양도시인 비시Vichy 에서 한 달 동안 홈스테이하면서 현지인처럼 지낸 시간을 잊지 못한다. 동네가 무척 조용하고 한적한 해변이 더없이 아름다운 곳이다.

해변에서 수영하고 보트 타고, 바다가 보이는 창가에 앉아 책도 읽고, 저녁이면 정원에서 바비큐 파티도 하고, 밤하늘의 별빛이 쏟아지는 해변을 산책하고, 현지 친구들과 캠핑도 하는 등 한적한 휴양지에서 보낸 시간은, 그야말로 귀족 생활이 따로 없었단다. 그는 몸이 건강해야 정신도 맑아진다고 한다.

"어느 때고 쉴 수 있고 떠날 수 있는 자유, 이런 자유로운 여행은 젊은이의 특권입니다. 젊음은 한때입니다. 더 많은 젊은이들이여! 망설이지 말고, 세상 밖으로 도전하기 바랍니다."

20대의 방황이 불러온 세상 밖으로의 도전이, 그를 살리다!

경기도청에서 외국기업 투자유치 전문가로 일하는 안도현 씨. 30대에 전도유망한 투자유치 전문가로 활동하고 있는 그는 사실 20대 문턱에서 맛본 좌절로 인해, 방황과 열등의식이 점철돼 있었다고 고백한다. 그런 20대 초반의 방황과 좌절 속에서 그를 일으킨 것은 다름 아닌 '여행'이었다. 넓은 세상 밖으로 자신을 내던진 그는 다양한 세상 경험을 통해 자신이 그동안 얼마나 옹졸하고 부질없는 생각에 사로잡혔나 반성하게 되었다.

"고교시절 시험 칠 때 커닝을 오해한 교사의 체벌로 시험을 망쳤습니다. 억울한 마음은 반항심으로 변했고, 계속해서 백지 답안지를 냈으며 결국 낮은 내신으로 원하는 대학에 가지 못해 몇 년을 재수했습니다. 그 사이 알 수 없는 원망과 자기비관, 열등의식과 좌절감이 커졌습니다. 네 번째 입시마저 실패하자, 삶을 포기할 생각으로 무작정 강원도 철원으로 갔습니다. 12월의 맹추위에 한 달 동안 양양까지 걸어 다녔고, 어느 날 깜깜한 밤에 산속을 걷다가 발을 헛디디면서 떨어질 뻔했습니다. 너무 놀라 아래로 돌을 던져 보았는데 한참 만에 멀리서 '첨벙' 하는 소리가 들렸습니다. 저도 모르게 그 자리에 주저앉았습니다. 평범한 길이 순식간에 공포의 길이 된 것이죠. 무모했던 그때의 여행을 통해 진정으로 소중한 것은 결국 내 마음가짐이라는 교훈을 얻었습니다."

그는 군대를 전역하고 미국으로 유학하면서 길을 찾기 시작했다. 소극적이고 내성적이었던 그는 당시 미국에서 한 재벌을 만날 기회가 있었다. 그때 무슨 용기가 생겼는지, 재벌에게 "저는 키도 작고 영어도 못하고 아무것도 못합니다. 잘하는 것이 하나도 없습니다."라고 말했다. 그랬더니 그 재벌이 그에게 "Don't be afraid to learn."이라고 충고해 주었다. 즉, '배우는 것을 두려워하지 말라.'며 그에게 다시 시작할 수 있는 도전과 자신감을 심어주었다.

그는 미국의 43개 주를 시작으로 전 세계 60여 개국을 다녔다. 미국 전역을 혼자 돌고 나니 자신감이 커졌고, 그 후 인도에서 1년 간 공부하며 히말라야를 등반했고, 싱가포르에서 인턴십을 할 때는 동남아 15개국과 유럽 28개국을 배낭여행으로 다녔다. 이러한 세상 경험들을 통해 시야가 넓어지고 마음이 평화로워지는 경험을 한 그는 자신을 옭아매고 있던 소심함과 두려움, 자격지심을 벗어던지게 되었다. 인도에서는 파시미나 카펫을, 싱가포르에서는 눈 마사지기를 수입해서 팔기도 했으며, 보험회사, 금융컨설팅, 해외무역관 등 다양한 직업을 체험하면서 20대 후반을 보냈다.

그는 20대 젊은이들에게 "무엇보다 많은 경험을 쌓고 도전하라!"라고 말한다. 20대는 가장 혈기왕성하고 의욕이 넘치지만 그만큼 좌절과 실패가 많은 시기이다. 비록 좌절과 실패가 있더라도, 20대는 넓은 세상을 향해 도전하는 것만으로도 가치 있고 아름답기 때문에 꼭 이 시기에 다양한 경험을 쌓아야 한다.

"지난 시절에 대해 후회가 있다면, 지금은 깨닫고 있는 것들을 20대에는 전혀 알지 못했다는 것입니다. 사회가 만들어놓은 공식과 타인이 만들어놓은 기준에 저를 맞추려고 하다 보니 좌절과 패배만 맛보았습니다. 하지만 좌절 속에서도 세상 밖으로 자신을 던졌던 것이 큰 행운입니다. 여행하는 하루하루가 새롭고, 자신이 가졌던 생각의 틀이 깨지게 됩니다. 좀 더 열린 사고와 행동, 뭐든지 할 수 있다는 자신감을 갖게 됩니다. 또한 여행은 앞으로 내가 무엇을 하면 좋을지, 삶의 방향과 미래를 정하는 나침반 역할을 합니다."

그는 앞으로의 진로 및 인생에 대해 고민이 많은 젊은이들에게 조언했다.

"가장 중요한 것은 '현재'입니다. 노후에, 돈 좀 벌어 놓고 세계 여행을 한다고요? 천만의 말씀입니다. 그때가 되면 '젊음'이라는 가장 큰 재산은 없습니다. 젊은 날의 세상 경험만이, 당신의 미래를 좌우하는 가장 큰 무기입니다. 바로 지금, 세계를 향한 도전을 시작하십시오."

청춘, 지금 당장 떠나야 하는 이유

내 몸과 영혼이 원하는 대로, 한가로이 보내는 꿈같은 시간. 누구 하나 이래라, 저래라 구속하는 사람 없고 시간이나 물질에 구애받지 않고, 그저 내 몸과 마음이 원하는 대로 자유를 만끽하는 것. 누구는 그것을 실현하고, 누구는 그저 반복되는 일상에 묻혀 산다.

우리는 여행을 하려면 많은 시간과 비용이 든다고 생각한다. 그래서 지금은 일을 열심히 하고 나중에 돈 많이 벌어서 여행을 하겠다고 한다. 하지만 그 '나중' 시간은 정해져 있지 않다. 마냥 세월만 흘러 갈 확률이 크다. 여행은 꼭 경제적으로 여유가 있어야만 하는 것이 아니다. 우리 국토, 산하, 아름다운 길을 걷는 것도 여행이다. 가만히 앉아 있는 것은 젊음이 아니다. 20대에 떠나는 배낭여행과 50대 이후에 떠나는 노후여행이 같을 수 있겠는가?

세상에는 두 종류의 인생이 있다. 그저 현재의 삶에 별다른 불만 없이 안주하는 인생과, 조금 고생하더라도 끊임없이 도전하고 개척하는 인생이다.

더 좋은 대학에 들어가고 더 좋은 회사에 취직하고 싶고,

더 높은 자리에 오르고 싶고……. 일반적으로 현대인들은 치열한 경쟁 사회에서 살아남으려면 남보다 더 열심히 일하고 노력하는 것이 인생의 가장 큰 가치라고 생각한다. 따라서 여행 다니는 것을 단순히 노는 것이라 생각해 쓸데없는 시간이라 치부한다. 경쟁에 뒤처지지 않기 위해 치열하게 살았다고 하자. 세월이 흐른 어느 순간, 뒤를 돌아봤을 때 자신에게 남는 것은 무엇일까? 많은 부와 재산, 아니면 명예, 권력? 지나온 삶을 돌아봤을 때 진정 후회하지 않을 자신이 있는가? 지나간 시절을 돌아봤을 때, 정말 후회 없는 청춘을 보냈노라고 자부할 수 있을까?

떠나는 자와, 떠나지 않는 자.

청춘을 두 부류를 나눈다면 이렇게 분류하리라. 감히 조언하자면, 떠나지 않는 자는 청춘을 방치하고 있는 것이다. 그저 자신이 머무는 자리에 맴돌면서 머리 싸매고 스펙 쌓는 데만 열중하고 있다면 청춘은 한 여름 밤의 꿈처럼 부질없이 사라질 것이다. 지나고 나서 아쉬워하기 전에, 후회하지 않을 청춘을 보내면 된다. 그러기 위해 정답은 하나다. 무조건 떠나야 한다.

만약 주변에서 이성과의 교제나 결혼을 반대할 때 혹자는 이렇게 말한다.

"서로 사랑하는데 어떤 이유나 조건이 무슨 소용이냐"고.

사랑은 어떤 조건이나 이유가 없다. 서로가 진심으로 사랑하고 있다는 것이 중요할 뿐이다. 여행도 마찬가지다. 꼭 어떤 이유가 있어서 떠나는 것이 아니다. 피 끓는 젊음이, 주체 못할 청춘이 원하기 때문이다. 내 안에 본성이 꿈틀거리고 영혼이 갈망하기 때문이다.

왜 청춘 시기에 떠나야 하는가. 굳이 이유를 들자면 세 가지로 요약할 수 있다.

첫째 '나'를 객관적으로 바라볼 수 있다. 나는 누구인가? 어디에서 왔고 어디로 가고 있는가. 꼭 철학자가 아니더라도, 자기 정체성에 대한 고민을 해보았을 것이다. 더구나 청춘은 앞으로 펼쳐나갈 꿈과 미래에 대해 고민하는 시기다. 뚜렷하게 점철된 낯선 환경 속, 스스로가 헤쳐 나가야 할 상황에서는 그야말로 자기 자신과의 싸움이다.

스스로가 극복하지 않으면 생존과도 직결된다. 발을 딛고 있는 익숙한 환경에서 벗어나 어떤 일이 닥칠지 모르는 상황에서는 오로지 자신에게 의지할 수밖에 없다. 미처 발견하지 못한 나 자신의 본성과 진면목을 발견하게 된다. 즉, '나'라는 사람을 객관적으로 바라보게 된다. 객관적인 마인드가 형성되면, 어떤 상황에 직면하더라도 현명하게 판단하고 대처하는 능력이 길러진다. 여행이 주는 가장 큰 장점이다.

둘째, 내 안에 잠자던 감성이 깨어난다. 하루하루 현실에 매어있다 보면, 자기의 의지보다는 타성에 젖어 순응하며 살게 된다. 이러한 상황이 지속되면 미래에 대한 계획이나 희망, 꿈을 꿀 여유조차 없다. 감성은 메마르고 어느 순간 세파에 찌들어 있는 자신을 발견할 뿐이다. 여행은 이 모든 것을 타파한다. 여행지에서는 다양한 현상과 사건을 겪으면서 감성이 깨어나는 특별한 경험을 만끽한다. 낯선 환경에서는 수많은 시행착오를 경험한다. 나약한 자신을 발견하며, 여행 중 수없이 겪게 되는 어려운 상황에서 살아남기 위해 스스로 단련시키고 강해진다. 이는 많은 시행착오와 경험을 통해 스스로가 자연스럽게 터득하면서 삶의 지혜를 덤으로 얻는다.

셋째, 내 영혼이 살아 숨 쉬는 생동감과 삶의 감동을 느낄 수 있다. 사실 일상생활에서는 살아있는 듯한 생생한 감동을 맛보기 어렵다. 그저 하루하루 현실에 만족하며 살 뿐이다. 하지만 대자연 앞에서 환희를 느끼지 않을 사람이 있는가. 아름다운 자연 경관 뿐 아니다. 현지의 순박한 주민과 여행자

등 길 위에서 만나는 사람들에게 받는 감동은 더하다. 필자는 국내외 여행을 다니면서 이런 경험을 숱하게 맛보았다. 거대한 자연 앞에서는 점보다 작은 '나'라는 존재에 대해 생각했고, 또 인간의 존재, 나아가 우리 나라를 생각했다.

'나'는 얼마나 작고 보잘 것 없는 존재인가, 세파에 부딪히면서 보이지 않는 성공을 위해 아옹다옹 치열하게 살 필요성을 못 느꼈다. 욕망과 아집이 얼마나 부질없는 것인가. 나는 대자연의 위대함 앞에 겸손을 배웠다. 늘 겸허한 마음으로 자연을 사랑하며 인간을 사랑하고 욕심 없이 살고 싶었다. 내 영혼이 살아 숨 쉬고 있음을 느끼게 해준 것도 여행을 통해서다. 여행은 단순히 즐기기 위해 하는 것이 아니다. 나를 깨우치고 삶을 깨우치는 가장 위대한 여정이다.

21세기 新 귀족 '노블레스 노마드'가 되라

21세기 귀족은 태어나는 것이 아니라, 만드는 것

이런 생각을 한 적이 있다. 어쩌면 태어날 때부터 사람의 운명이 정해져 있는 건 아닐까. '나'라는 사람이 대한민국, 서울, 그리고 강북의 한 변두리 형제 많은 가정에서 태어난 것은 이미 나에게 정해진 운명이나 팔자 때문은 아닐까. 만약 내가 어느 재벌가의 귀한 자제(?)로 태어났더라면 지금의 '나'와는 또 다른 모습이 되어 있지 않을까. 반대로 내가 어느 가난한 나라의 극빈 가정에서 태어났더라면 매 끼니를 걱정하면서 공부는커녕 평생 노동에 시달리고 있진 않을까. 또 아시아의 황인종이 아닌, 흑인이나 백인으로 태어났다면 내 인생은 또 달라져 있을까. '나'라는 인간에 대한 물음은, 근본적인 태생부터 시작해 꼬리를 물고 이어진다.

사실 철없던 시절에는 내가 처한 환경과 신세를 원망한 적이 많았다. '내가 좀 더 부유한 가정에서 태어났더라면, 내 부모가 사회에서 선망 받는 직업을 가졌더라면, 어쩌면 내 재능도 그만큼 일찍 빛을 발할 수 있지 않았을까? 만약 무남독녀로 태어나 더 귀하게(?) 자랐더라면…….'

자신이 처한 환경이나 상황에 대해 한번 불평하기 시작하면 끝이 없을 것이다. 그런데 자신의 태생부터 성장 과정, 나이가 들고 눈 감을 때까지, 과연 내 운명을 좌우하는 그 무엇이 있는 것일까. 만약 있다면 그것은 무엇일까. 많은 부(재산)일까, 명예일까, 권력일까, 달란트(재능)일까, 외모일까, 성품일까?

아무리 생각해도 "딱 이것이다!"라고 답이 나오지 않는다. 그런데 이것 하나만은 분명히 말할 수 있다. 우리가 부모를 선택할 수 없고 태생을 바꿀 순 없지만, 운명이라는 것, 소위

팔자는 자신의 의지와 개척, 노력에 따라 충분히 바꿀 수 있다는 것을.

누구나 한번쯤은 귀족적인 삶을 꿈꾼다. 하지만 대부분의 사람들은 이를 불가능한 꿈으로만 치부한다. 왜냐면 태생이 귀족이 아니기 때문에 절대로 귀족이 될 수 없다고 생각하기 때문이다. '귀족貴族, nobility'이라는 말을 인터넷 백과사전에서 찾아보니,

혈통·문벌·재산·공적 등에 의해 일반 사람과 다른, 정치적·법적 특권을 부여받은 상류 계급, 또는 그런 계층에 속한 사람.

이라고 나온다. 한마디로 귀족은 '신분身分이 높고 가문家門이 좋은 사람'이라 할 수 있다. 영국은 오늘날까지도 귀족이 있으나, 프랑스는 1848년 혁명 이후, 러시아는 1917~18년 혁명 이후 귀족제도를 폐지하였다. 독일은 3월 혁명 이후 실질적으로 이 제도가 없어졌으나 귀족 칭호는 성姓에 남아 있기도 하다. 우리나라의 경우, 신라의 골품제도, 고려의 훈작제도, 조선의 양반제도 등이 서양의 귀족제도와 비슷하나 중세 유럽의 귀족과는 내용에서 차이가 많다.

21세기 글로벌 시대에 '귀족'은 사실 의미 없는 말이다. 오늘날의 귀족은, 달리 귀족이 아니다. 자기 자신을 귀족으로 대접

하면 되는 것이다.

그렇다면 과연 어떻게 해야 귀족적인 삶을 영위할 수 있는 것일까. 그것은 자기 분수나 주제에 맞게 사는 것이 아니라, 자신을 가장 사랑하는 방법을 찾고 실천하면 된다. 나를 가장 사랑하는 방법? 곰곰이 생각하면 답은 의외로 쉽게 나온다. 그것은 내가 가장 행복하고 평화롭고 환희에 있는 순간. 즉, 내가 이 세상에 살아 숨 쉬고 있다는 생생한 기쁨을 누리는 순간이다. 당신은 이런 순간을 경험한 적이 있는가?

사실 일상에서는 그런 순간을 좀처럼 느끼기 힘들다. 그 순간은 내가 딛고 있는 이 땅에서 벗어나야 한다. 즉, 낯선 곳, 낯선 환경, 낯선 자연과 풍경 속에서 자신이 경험해 보지 못한 경이로움과 환희를 경험하는 순간이다.

우리는 보통 아름다운 풍광을 사진이나 영상으로 보면 저절로 감탄하게 된다. 우리가 사는 지구상에는 이처럼 감탄을 자아내는 '지상 낙원'이 많다. 이 아름다운 낙원 속에 '내가 있다'고 생각해보라. 이보다 더 가슴 설레고 흥분되는 일이 어디에 있겠는가.

내 삶을 귀족적으로 바꿀 수 있는 유일한 방법은 다름 아닌 '여행'이다. 그러므로 당신은 '노블레스 노마드'가 되어야 한다. 여기서 중요한 것은, 청춘일 때 누려야한다는 것이다. 젊은 당신이 '노블레스 노마드'가 되어야 하는 이유가 바로 여기 있다.

노블레스 노마드가 되어야, 귀족적인 삶 영위할 수 있어

'新신 귀족', 노블레스 노마드noblesse nomad의 특징

♣ 1980년대 이후 어린 시절을 부족함 없이 보낸 젊은 세대로 해외여행이 빈번하고 문화나 정보 흡수가 빠른 20~30대의 '귀족형 유목민'.

♣ 자신의 행복을 추구하기 위해 결혼을 잠시 유보한 자발적인 만혼자.

♣ 명품과 골동품 등 겉치레 문화를 거부하고 여행, 레저, 공연 관람 등 무형의 경험을 수집.

♣ 낯선 곳의 여행을 통해 자기를 성찰하며 혼자나 몇몇 지인끼리 조용하고 창의적인 여행을 즐김.

♣ '행복'을 삶의 최고 가치로 여기며 문화생활, 취미 활동을 통해 삶의 여유와 즐거움 추구.

'노블레스 노마드'의 특징을 살펴보면 대략 이와 같이 정의할 수 있다. 언제부터인가 우리 사회도 부의 척도가 '소유'에서 '경험'으로 무게 중심이 옮겨가고 있다. 글로벌 시대, 넓은 세상을 향해 도전하고 수없이 경험하면서 가치관을 정립한 젊은

이가 글로벌 리더가 될 수 있다. 이러한 시대적 흐름 속에 우리 사회의 한 축을 이끌어 가는 부류가 '新 귀족'으로 불리는 '노블레스 노마드'이다.

원래 '노마드'란 초원에서 이동하며 사는 유목민을 뜻한다. 현대에 와서는, 기존의 가치와 삶의 방식을 부정하고 불모지를 옮겨 다니며 새로운 것을 창조해내는 방식이나 사람을 의미한다. 이는 또한 철학적 개념뿐만 아니라 현대사회의 문화와 심리 현상을 포괄하고 있다. 아날로그 시대가 토지, 노동, 자본이라는 유형의 자산 시대였다면, 디지털 시대는 지식, 기술, 능력, 경험, 정보라는 무형의 자산 시대다.

21세기 들어 디지털 시대로 문화가 급속히 진전되면서 '디지털 노마드'라는 말이 유행하기 시작했다. 이 말은 이미 40년 전에 미디어 연구가, 마셜 맥루한이 "21세기 인류는 '디지털 노마드'로 살 것"이라고 예견했고, 또 프랑스 사회학자 자크아탈리도 '호모 노마드-유목하는 인간'이라는 저서에서 "21세기는 디지털 장비로 무장하고 지구를 떠도는 노마드의 시대"라고 규정하면서 노마드의 유행에 가속도를 높였다.

몇 년 전 삼성경제연구소에서는 "자유와 개방, 홀가분하고 쾌적한 삶을 추구하는 노마드족이 늘고 있으며, 이들의 유목

성향이 21세기의 주도적 소비의 흐름이 되고 있다."고 소비 시장을 분석했다. 여기서 주목해야 할 것이 '노마드족'이다.

아날로그 시대에서 디지털 시대로 전환하면서 불가피하게 삶의 방식과 경향이 노마드적인 삶으로 변하는 상황에서 젊은 세대들에게 가장 어필하고 있는 삶의 방식이 '노블레스 노마드'이다. 그들은 자신을 둘러싼 환경을 바꾸려는 의지가 강하며 도전에 방해되는 것들을 과감히 뛰어 넘는다. '노블레스 노마드'를 규정짓는 몇 가지 특징을 살펴보면 다음과 같다.

매사에 창의적이다

노블레스 노마드는 창의적이다. 일하는 방식, 여가를 즐기는 방식, 사람들과 교류하는 방식 등 삶의 전반에 걸쳐 그들의 삶은 감성적이고 아이디어로 빛난다. 그들의 창의성이 빛나는 분야가 여행이다. 그들은 이미 정해져 있는 여행 코스는 가지 않는다. 여행 목적이 단순한 관광이 아니기 때문이다. 그들은 낯선 곳의 여행을 통해 자기를 성찰하고 자신에게 내재되어 있는 기질을 찾아낸다. 대부분은 혼자서 호젓하게 또는 가족이나 몇몇 지인끼리 조용하게, 자신만의 감성을 발휘할 수 있는 창의적인 여행을 즐긴다. 보통 사람에게는 그저 꿈과 동경으로 남는 여행이 이들에게는 일상이 되고 있다.

개인의 행복이 최고의 가치

　남부럽지 않게 성공한 어느 컨설턴트가 한 휴양지 마을에서 일광욕 중이었다. 그의 곁에서는 마을 어부가 고기를 잡고 있었다. 직업 의식이 발동한 컨설턴트가 그에게 말을 걸었다.

　"좀 더 열심히 하면 훨씬 성과가 좋을 텐데…."

　어부가 되물었다.

　"성과가 좋으면 뭐가 좋은데요?"

　컨설턴트는 한심한 듯 대답했다.

　"성과가 좋으면 돈을 많이 벌고, 돈을 많이 벌어 투자하고 벌만큼 벌면……."
　"그 다음에는요?"

　이렇게 무식한 사람이 있나 싶은 마음에 컨설턴트의 목소리가 높아졌다.

　"그 다음에는 좋은 곳에 가서 쉬면서 사는 거지요."

　어부가 말했다.

　"나는 이미 그렇게 하고 있는데요?"

이야기 속의 어부처럼 노블레스 노마드는 세상에서의 성공보다, 스스로가 흡족할 수 있는 것을 찾아 즐긴다. 그들은 파울로 코엘료의 첫 소설 '순례자'에 나오는 이 구절을 직접 실천하며 살고 있다. 한마디로 자신의 영혼을 사로잡는 것(여행)을 충만하게 즐기는 것이 삶의 궁극적인 목적이다.

인문학적 소양이 깊다

만약 당신이 다니는 회사의 CEO가 노블레스 노마드라면, 당신은 특별한 회식이나 여가문화를 남들과 다르게 즐길 수 있다. 회사에서는 판에 박힌 술과 노래방 중심의 회식문화를 사양하고 영화나 뮤지컬을 단체로 관람하고, 워크숍이나 레저 교육을 위해 직원들을 해외 리조트로 데리고 간다. 이런 회사에서는 기존의 가부장적 조직문화가 존재하지 않는다. 이처럼 노블레스 노마드는 예술과 레저, 여행 등 인간의 감성을 풍부하게 하는 문화의 의미와 그 진수를 만끽함으로써, 주변 사람들에게까지 적지 않은 영향을 미치고 있다.

만약 당신이 노블레스 노마드라면, 당신의 가족이나 친한 친구, 지인들은 당신의 영향으로 노블레스 노마드가 될 확률이 높다.

언제든 떠난다! 준비 완료

노블레스 노마드는 언제든 떠날 준비가 되어 있다. 이들은 기득권을 버리고 그 자리에 열정을 채운다. 낯설다는 것은 오히려 이들의 걸음을 재촉하는 촉진제 역할을 한다. 묵은 가치에서 새로운 가치로, 김빠진 열정에서 뜨거운 열정으로 언제든 떠날 준비가 되어 있다. 그래서 그들은 소유하지 않는다. 소유는 떠날 때 짐만 될 뿐이다. 언제든 떠날 준비가 되어 있는 이들은 미지에 대한 호기심으로 가득 차 있고, 떠나는 일을 반복하고 있다.

예측할 수 없는 미지의 여행은 모험이며, 모험은 고난의 연속이다. 그러나 그 고난의 연속점에서 삶의 성찰과 창의가 함께 꽃피운다. 따라서 인류의 위대한 창조는 정착인의 것이 아니라, 노블레스 노마드의 것이다.

언제든 떠나고 싶을 때, 가고 싶은 그 곳에…

젊음의 특권은 뭐니 뭐니 해도 자유롭다는 것이다. 떠나고 싶을 때 홀쩍 떠날 수 있는 자유가 있다. 어디든 내 취향대로 내가 원하는 곳을 선택할 수 있다. 패션과 문화의 도시 파리나 산악지대 네팔, 그림처럼 아름다운 스위스, 정열의 지중해, 동남아의 해변 휴양지 등 내 마음이 내키는 대로 행선지를 정하면 된다. 도착해서도 그날의 일정은 자신의 컨디션에 맡기면된다. 하나라도 더 봐야 직성이 풀리는 사람이라면 부지런히다리품을 팔 것이며 낯선 여행지에서 느긋하게 정취를 느끼고싶다면 현지인처럼 노천카페에 앉아 향긋한 커피를 마시며여유를 즐길 수 있다.

히치콕의 영화 '레베카Rebecca'에는 이런 말이 나온다.

"혼자 여행하는 사람이 가장 빨리 여행한다."

다시 말해 '혼자 여행하는 사람이 가장 속 편하게 여행한다.'는 의미로 해석할 수 있다. 혼자 간직하고 있는 여행지에서의추억은 두고두고 삶의 활력소가 된다. 어느 누구의 방해 없이혼자만이 누리는 자유와 환희의 경험은 돈 주고 살 수 없는소중한 가치다.

젊을 때는 낯선 곳에서 부딪히며 고생할지라도 혼자만의 시간을 가져보는 것이 의미 있다. 가이드가 있는 단체여행은 먼훗날 나이 들어 가도 늦지않다. 유명 관광지를 찍고 오는 것보다, 남들이 가지 않는 산골 오지나 한적한 섬에서 차분하게자신을 돌아보자. 한꺼번에 많은 것을 보려고 서두를 필요는없다. 혼자만의 여행은 100% 자신의 판단으로 이뤄지므로 발길 닿는 대로 자유롭게 다니면 된다.

　젊은 날, 인생을 재충전하는 최고의 방법은 자신에게 '여행'
을 선물하는 것이다. 귀족적인 삶이 따로 있는 것이 아니다.
내 영혼이 가장 풍요롭고 행복한 순간. 바로 이런 환희의 순간
들을 맛보고 즐기는 것이 다름 아닌 '귀족적인 삶'인 것이다.

여행의 진면목, 인생의 절정을 맛보는 '여행의 기술'

여행이 더욱 가치 있고 풍요로워지는 기술은 무엇일까. 현장에서 수없이 낯선 상황들과 부딪히고 겪어 보면 차츰 여행의 기술을 터득하면서 자기만의 여행 노하우를 쌓아갈 수 있다. 나 역시, 그동안 여행 다니면서 겪은 많은 경험을 통해 나만의 여행 기술과 노하우를 터득하였다. 여행이 더욱 풍요로워지고, 나아가 최고의 절정을 맛보게 하는 마법 같은 일, '여행의 기술'을 터득하자.

여행은 고생길 아닌, 행복길! 관광과 휴식의 조화를 꾀하라!

필자가 서른 살 때 떠난 유럽 여행은, 스스로 일정을 짜서 떠난 첫 해외여행이었다. 설렘과 두려움이 반반씩 교차했다. 여행한 지 열흘이 지났을 무렵, 로마에서 극심한 피로를 느껴 민박집에서 반나절을 잠으로 보낸 적이 있다. 비교적 짧은 여행이라, 하나라도 더 보려고 매일 강행군으로 다녔었다.

그날도 어김없이 아침밥을 먹고 일찍 민박집에서 나와 지하철을 타고 바티칸을 찾았다. 그런데 동행했던 친구가 오전 내내 졸린 듯 커피를 마시자고 하더니, 급기야 숙소에 가서 라면 끓여먹고 좀 쉬다가 나오자고 제안했다. 나도 약간 피곤해서 흔쾌히 동의했다. 다시 지하철을 타고 민박집에 들어와 라면을 먹고 나니 졸음이 쏟아졌다. 잠깐 눈 좀 부치고 나가려고 침대에 누웠는데 아뿔싸! 일어나보니 오후 5시가 훌쩍 넘었다. 거의 4시간이나 잠으로 보낸 것이다.

해외여행을 다녀 보면 안다. 하루하루 흘러가는 시간이 아깝다는 것을. 그 금쪽같은 시간을 잠으로 흘려보내다니……. 처음에는 탄식이 나왔다. 그런데 그 단잠으로 인해 그동안 여행 다니면서 쌓였던 피로가 말끔히 풀렸다. 문득 여행 중에 이따금씩 푹 쉬는 휴식의 필요성을 절실히 느꼈다. 시간에 쫓겨 무리해서 다니다가 피로가 누적되고 체력도 바닥난다면 나중에는 여행이 힘들어진다. 배낭여행 중에는 컨디션을 조절하면서 적당하게 쉬어주는 것이 꼭 필요하다. 여행은 고생길이 아니다. 내 심신이 평화와 안식을 누리는 행복의 길이다.

자신이 좋아하는 테마를 여행에서 발견하라!

낯선 땅을 밟고 있는 것, 이국의 공기를 마시고 있는 것 자체가 여행하는 행복이다. 꼭 유명 관광지나 유적지를 둘러보는 것만이 전부가 아니다. 여행지에서의 감흥은 풍경보다는 그곳에서 겪는 다양한 상황과 경험들, 그리고 현지에서 만난 사람들로 인해 풍성해진다. 그래서 여행에서 보고 느끼는 것은 주관적인 면이 강하다. 같은 장소라도 사람에 따라 극단의 평가가 내려진다.

젊은이라면 맹목적으로 누구나 다 하는 똑같은 여행은 배제하자. 여행에서 무엇을 보고 느낄 것인지 테마를 발견하는 것이 중요하다. 사전에 계획을 세운 후 하나씩 준비해서 떠난다면 현지에서 그만큼 다채롭고 풍성한 시간을 누릴 것이다.

예를 들어 헝가리 부다페스트의 어린이들이 가장 즐기는 놀이가 어떤 것인지, 또는 스페인 마드리드 섬에 있는 카페에서 나오는 커피 맛은 어떤지, 잘츠부르크의 음반 가게에서 가장 잘 팔리는 음반이 어떤 것인지, 중국의 명산에 오르면 어떤 광경을 볼 수 있는지, 현재 브로드웨이에서 가장 잘 나가는 뮤지컬은 무엇인지 등등 자신의 관심사가 어떤 것인지 따져보고 자신의 취향에 맞게 여행지를 선택하고 떠난다면 현지에서 경험하고 누리는 기쁨이 배가 될 것이다.

어떤 이는 어느 나라를 가든지 현지의 '대학'과 '공동묘지'를 방문한다고 한다. 대학에서는 그 나라의 미래를 보고, 묘지에서는 그 나라의 과거를 볼 수 있기 때문이란다. 가보지 않고서는 결코 알 수 없다. 그래서 여행을 떠나고 현장에서 직접 경험해야 하는 것이다. 여행지에서 우연히 만나는 여러 상황들을 기대하고, 그곳에서 겪게 될 멋지고 놀라운 경험을 생각한다면 얼른 떠나고 싶을 것이다. 자기만의 여행 테마를 정하고 현장에서 직접 경험한다면 여행은 더욱 풍성해지고 잊지 못할 추억으로 남을 것이다.

낯선 여행지에서 '나만의 아지트'를 발견하는 것도 좋은 추억을 만드는 방법이다. 가장 평화로운 휴식처, 나만의 조용한 안식처를 정하는 것이다. 이런 공간에서 맛보는 휴식과 여유 속에서 낭만과 감성적인 여행을 즐길 수 있다. 예를 들어 해변이 바라보이는 노천카페, 성당 앞 큰 나무 아래, 공원 연못 앞의 벤치 등… 비밀을 간직하듯 마음속에 '나만의 아지트'를 만들어 놓으면, 나중에 꼭 다시 찾고 싶은 여지를 남겨두게 된다.

나만의 아지트는 국내 어디서든 만들어 놓으면 좋다. 비가 오거나 눈이 오거나 왠지 기분이 쓸쓸할 때, 또는 기분전환을 하고 싶을 때 언제든지 '나만의 아지트'를 찾아가자. 친구가 옆에 없어도 그곳에서 혼자 조용히 차를 마시며 사색하는 시간을 가져보면 일상이 더욱 풍요로워진다. 온전히 일상에서 벗어나 나만의 아지트에서 책을 읽거나, 휴가나 여행 일정을 짜기도 하고, 주말에 누구를 만나 무엇을 할 것인지 등의 소소한 계획을 세워 보는 것이다.

와인을 좋아하는 사람이라면 조용하고 편안한 분위기의 Bar가 될 것이다. 지식의 욕구를 충족시켜주는 서점도 좋고, 피부도 케어하고 편안하게 휴식을 취할 수 있는 피부 마사지숍, 동네 근처 아담한 공원의 벤치, 또는 산자락에 위치한 남산도서관 창가 자리, 야경을 보며 차분히 생각해 잠기는 스카이라운지의 창가 자리 등 '자신만의 아지트'를 만들자. 특히 푸른 산과 바다, 석양의 노을, 수목원, 정원, 호숫가 등 아름다운 자연의 공간에서 보내는 시간은 마음까지 깨끗하게 정화시켜줄 것이다.

혼자 또는 함께? 자신에게 맞는 여행 패턴을 찾아라!

유럽 배낭여행 20일 중, 열흘은 동행인과 같이 다녔고, 나머지 열흘은 혼자 다니게 되었다. 그러다 보니, 여행 다닐 때 동행인이 있는 여행과 혼자 하는 여행이 뚜렷이 비교되었다. 두 경우를 모두 경험해보면 어느 쪽이 자신에게 더 맞는지 알게 될 것이다.

내 경우는 동행인과 다닌 여행이 더 유쾌하고 즐거웠다. 철저하게 혼자 다녔던 여행은 매우 자유롭긴 했지만, 외롭고 심심하기 그지없었다. 아무래도 타국에서 여자 혼자라 약간 두려운 마음도 있었다. 아무리 아름다운 곳이라도 혼자 느끼는 것과 동행인과 함께 느끼는 것은 다를 것이다.

명소를 구경하든, 공원을 산책하든, 미술관을 둘러보든, 식사를 하든, 여행에서 얻는 모든 것을 함께 경험하고 느낀다면, 그곳에 대한 기억과 감동은 배가 될 것이다. 정말 마음이 통하는 동행자와 함께라면…….

하지만 반대로 전혀 마음이 맞지 않은 동행자라면 그 여행은 지옥이 될 수 있다. 그러고 보니, '여행은 어디를 가냐 보다 누구와 함께 가냐'하는 것이 중요한 듯하다. 싱글들이 가장 가고 싶은 여행이 신혼여행이라고 하지 않던가. 사랑하는 사람과 함께 하는 여행이라면, 그곳이 좀 낙후한 곳이라도 아마 두 사람에게는 모든 것이 다 아름답게 보일 것이다. 그만큼 여행지라는 공간 자체보다, 여행자가 현지에서 갖는 마음가짐이나 심리 상태가 더 중요한 듯하다.

유럽 여행을 시작한 지 열흘쯤 지났을 때 로마의 민박집에서 여행 후 처음으로 메일을 확인하게 되었다. 그때 친구가 보낸 메일 한 통을 열어보았다.

'주희야! 유럽 여행 잘 하고 있니? … 중략 … 그런데 여행은 어디를

가느냐하는 것 보다 누구와 함께 가느냐가 중요한 것 같아……'

이제 여행 일정의 반을 넘기던 시점이었다. 그때 동행인과 헤어져 혼자 다니면서 외로웠던 내게 이 말은 너무도 마음에 와 닿았다. 스위스에서 로마로 넘어오면서 내내 혼자 다녔던 나는 대화할 상대가 없다보니 말을 못해 괴로울 지경이었다. 다짜고짜 지나가는 외국인을 붙잡고 말을 시킬 수도 없고… 더구나 내 짧은 영어 실력으로는 가당치도 않은 일이다. 동행 자가 없어 하루 종일 말을 안 하고 돌아다니니, 마치 실어증이라도 걸릴 것 같았다. 그저 저녁 때 민박집에서 같은 배낭 여행자들과 간간히 얘기를 하는 게 전부였다. 그렇게 혼자 다니는 여행은 이태리 로마, 베네치아, 프랑스 파리, 그리고 마지막 여정인 영국 런던까지 이어졌다.

혼자 다녀서 불편했던 경험은 또 있었다. 나는 로마에서 3일을 보낸 후 베네치아에서 반나절, 그리고 야간열차를 타고 이른 아침에 프랑스 휴양지 니스에 도착했다. 니스는 해변이 있는 휴양지로 유명한 곳이라, 간만에 해수욕을 즐기면서 느긋하게 보낼 생각이었다. 내 트렁크 가방 속에는 한 번도 꺼내보지 못한 수영복이 있었다. 그런데 이런 나의 소박한 바람은 보기 좋게 빗나갔다.

니스에서 오전에 해수욕을 하고 바로 파리로 떠날 생각이었기에 숙소가 없어서 짐을 역 보관함에 넣어야 했다. 해수욕할 준비물만 챙기고 해변까지 걸어 가야했는데, 태양이 워낙 뜨거워서 양산, 선글라스를 가져가야 했고, 디지털 카메라까지 챙겼다. 그런데, 아뿔싸! 생각해 보니, 내가 해수욕할 동안 선글라스며 모자, 양산, 카메라 등 짐을 누구에게 맡긴단 말인가. 니스 해변에서 해수욕을 한 후에 샤워는 또 어디서 해야 할지…, 해변에 샤워 시설은 있는 건지…, 만약 유료라면 약간의 돈도 챙겨야 하는데…, 괜히 해수욕하러 왔다가 물건만 잃어버리는 건 아닌지……. 생각해 보니 걱정이 태산이었다.

게다가 날씨는 왜 그리 푹푹 찌는지, 뜨거운 자외선에 피부만 새까맣게 탈 것 같았다. 혼자서는 도저히 해수욕을 할 엄두가 나지 않았다.

결국 이국의 해변에서 한가로이 해수욕을 하겠다는 소박한 꿈을 접고 말았다. 바로 티켓 박스에 줄 서서 파리 행 열차표를 끊은 후, 매점에서 간식을 사들고 열차 시간까지 기다릴 수밖에 없었다.

'니스까지 와서 해변도 못보고, 기차역 의자에 앉아 혼자 빵을 씹고 있는 모습이라니…, 아! 혼자 여행하는 것도 쉬운

일이 아니구나! 유럽까지 와서 해수욕 한 번 못 해보고 가다 니…….'

혼자 하는 여행이 마냥 자유로울지는 몰라도 이렇게 생각지도 못한 불편을 감수해야 한다는 것을 느꼈다. 그런데 이와는 반대로 같이 다니는 여행이 마냥 즐거운 것도 아닌 모양이다.

마지막 여행지인 런던에 도착한 첫날, 민박집에서 동갑내기 친구를 만났다. 내가 민박집에 도착한 날 아침, 그 친구는 런던에서 마지막 일정을 보내고 다음날 한국으로 떠날 예정이었다. 그 친구는 자신이 여행 때 가져온 딸기 쨈을 나에게 주었다. 이를 계기로 이야기를 나누면서 친해졌다.

런던에서도 나는 늘 혼자 다녔고, 그 친구는 동행이 있었는데 여자 1명, 남자 1명해서 셋이 다녔다. 유럽에서는 사실 어디곳이나 배낭 여행자들이 다니는 곳이 거의 비슷해서 관광지인 트라팔라 광장에서 만나기도 하고, 갤러리에서 그림 구경하다가 만나기도 한다. 곳곳에서 몇 번 마주치게 되면서 내심 일행이 있는 그 친구가 부러웠다.

나는 아침부터 해질 때까지 늘 혼자 다녔고, 외국에서 혼자 식당 들어가 시켜 먹기도 낯설어, 끼니도 대충 빵으로 때우기 일쑤였다. 그때는 함께 다니지 못하더라도 같이 밥 먹을 사람이라도 있으면 좋겠다고 생각했다. 그 친구와는 그 날 저녁 영국의 유명한 피시&칩스Fish&Chips를 맥주와 함께 먹으면서 많은 이야기를 나누었다. 처음 만난 나에게 친절했던 그 친구 덕분에 런던에서의 첫날 저녁을 즐겁게 보낼 수 있었다. 헤어질 때 이메일 주소를 교환하고 한국에 온 후로도 가끔씩 연락하고 지낸다. 그런데 한국에서 만났을 때 그 친구가 "런던에서 혼자 다니는 네가 참 부러웠다."고 말하는 것이 아닌가.

"뭐라고? 나는 하루 종일 혼자 다녀서 얼마나 심심했는데…, 나는 그때 함께 다니는 너희들이 참 부러웠는데……."

그 친구의 말에 따르면, 같이 여행을 다녔던 세 명은 원래 알던 친구들이 아니라, 유럽 여행을 위해 인터넷 게시판에서 만난 여행 동행자였다고 한다. 이들은 떠나기 전에 서울에서 딱 한 번 만난 게 전부였다. 그런데 문제는 이들 중에 여행 경험이 많았던 남자가 모든 것을 주도하려고 했다는 것이다. 그 친구는 도저히 맞지 않아 중간에 나오려고 했는데 그것도 쉽지 않았고 여행 내내 억지로 끌려다니듯 무척 힘들었다고 한다. 적지 않은 돈을 투자해서 간 유럽여행, 즐겁고 행복해야 할 해외여행이 뜻하지 않게 사람으로 인해 엉망이 되었다는 것이다. 그 친구는 당시 혼자 자유롭게 다니던 내가 무척 부러웠다는 것이다. 그러면서 다음에 여행을 갈 때는 정말 마음에 맞는 사람이 아니면, 혼자 떠나야겠다고 결심했다고 한다.

사실 여행은 현장에서 겪어보지 않고서는 전혀 모르는, 예상치 못한 일들이 수없이 발생한다. 나 역시 그동안의 여행 경험을 통해, 어디를 가느냐 하는 장소의 문제보다는, 누구와 또는 어떤 사람들을 만나느냐에 따라 여행의 즐거움이 많이 달라진다는 것을 느꼈다. 만약 혼자가 아닌, 동행자가 함께 한다면 정말 마음이 맞고 통하는 사람과 다녀야 한다는 것을 느꼈다. 진정으로 행복한 여행은 나의 감성을 풍부하게 만들고 내 영혼까지 사로잡을 수 있는 '풍요로운 여행'이다. 그러기 위해서는 나의 감정을 상하게 만드는, 어떤 문제나 방해물이 없어야 할 것이다. 정말 심신이 평화롭고 만족스런 여행은, 살아가면서 두고두고 행복한 추억으로 남는다.

현지에서 마음이 통하는 친구를 사귀어라!
당신의 여행이 더욱 즐거워진다.

여행을 다니는 기쁨 중 하나는, 자연스럽게 사람을 만나고 소통하는 것이리라.

'서울, 대전, 대구, 부산 찍고…….' 하는 노래 가사처럼 그저 '찍기 식'으로 단순히 관광지를 둘러보는 여행은 사실 의미가 없다. 진정으로 '젊은 여행'은 단순히 둘러보기 식의 관광지

방문에서 벗어나 자신만의 특별한 여행 패턴을 만드는 것이다. 여기에서도 중요하게 적용되는 키워드가 '사람'이다. 특히 낯선 여행지에서 만나는 사람들은 '여행'이라는 공통점 하나만으로도 금세 공감대가 형성된다. 자신이 의도하든 의도하지 않았든, 낯선 곳, 낯선 환경에서는 낯선 사람들도 만나기 마련이다. 여행지에서 현지인을 만나는 것은 물론이고, 나와 같은 여행자도 만날 것이다. 현지인이든, 여행자든 여행지에서 마음이 통하는 친구를 사귀면 여행은 더욱 보배로운 추억으로 남을 수 있다. 여행지에서 다양한 사람들과 소통하며 나누는 기쁨은 생각보다 훨씬 크다.

필자는 여행을 떠날 때 공항이나 비행기, 또는 현지에서 만나는 여행자들 중에 첫눈에 '저 사람은 왠지 나와 잘 맞을 것 같은데… 이번 여행에서 같이 다니면 좋을 것 같다.'는 예감을 갖는다. 그리고 신기하게 그 예감은 꼭 들어맞는다. 첫인상에서 왠지 나와 잘 통하고 맞을 것 같은, 또래의 동성 친구를 눈 여겨 보게 된다. 그리고 그에게 먼저 말을 걸고 통성명을 나누면서 친근감을 표현한다. 이것은 내가 처음부터 의도한 것이 아니고, 여행을 다니면서 자연스럽게 터득하게 되었다. 여행을 다니면 누구나 마음을 열기 때문에 상대방도 나에 대해 호감을 갖게 되고 결국 같이 다니면서 여행 내내 사진도 찍어주면서 친분을 쌓을 수 있다. 그렇게 여행하면서 추억을 함께 만들면 여행에서 돌아와서도 연락하고 지내는 평생의 친구가 될 수 있다.

몇 해 전 가을, 중국 상해에 갔을 때도 그랬다. 그때 상해에서 국제적인 관광 행사가 열렸는데 이 행사의 취재를 겸해 상해를 방문하게 되었다. 보통 취재로 해외를 가게 되면 공항에서 일행을 만나 통성명을 하게 되는데 실망스럽게도(?) 나이 많은 아저씨들(?)이 많았다. 그 속에서 나와 비슷한 또래의 한 여성이 눈에 들어왔다. 그 친구도 잡지사의 기자로 왔고, 나도 잡지사의 기자로 온 터라, 공통점이 있어서인지 금세 친해질 수 있었다. 그 친구와 공항에서부터 대화를 나누며 친분을 쌓게 되었고, 3박 4일 여행 내내 같이 다니게 되었다.

그런데 그 친구가 전에 1년 간 상해에서 살아서 상해 구석구석을 꿰뚫고 있었다. 상해가 처음인 나는 그 친구 덕분에 상해에 대한 정보와 이곳저곳을 구경하는 행운을 얻었다. 그 친구의 안내로, 단층으로 지어진 스타벅스를 방문했는데, 건물도 무척 예뻤지만, 2층 옥상 테라스에 앉아 커피를 마시며 보낸 오후의 여유로운 시간은, 지금도 소중한 추억으로 남아있다. 그 후로 영화도 함께 보고 함께 여행갈 궁리를 하는 친구로 지내고 있다.

필자는 학창시절에 문학을 좋아하고 사춘기의 짝사랑 경험 때문에 무척 내성적인 성격이었다. 혼자만의 시간을 좋아하다 보니, 사실 사람 사귀는 것도 좋아하지 않았다. 그런데 성인이 되어 사회생활을 하고 여행을 통해 넓은 세상과 대자연을 접하고 사람들을 만나면서 서서히 쾌활하고 외향적인 성격으로 바뀌었다. 여행을 통해 '그동안 내가 얼마나 속 좁게 살아왔나?' 자신을 돌아보는 계기도 되었다. 무엇보다 내성적이고 소심한 성격이 명랑하고 긍정적으로 바뀐 것이 여행에서 얻은 가장 큰 소득이다. 이처럼 국내든, 해외든 낯선 여행지에서 사람들을 만나 친분을 쌓고 감동을 함께 나누는 것이 얼마나 소중한 것인지 깨닫게 되었다.

물질의 풍요보다 더 충만한 정신의 풍요

어린 아이들이 하나의 장난감을 놓고 서로 갖겠다고 싸우는 경우를 종종 본다. 이제 막 아기 티를 벗어난 아이들이 서로 싸우고 욕심 부리는 것이 다름 아닌 인형이나 장난감 등 물건이다. 이것만 봐도 인간은 기본적으로 물건에 대한 소유욕이 있음을 알 수 있다. 물론 어른이라고 다르지 않다. 다만 어른들은 물건 때문에 싸울 필요 없이, 자기 돈으로 갖고 싶은 물건을 사는 것이 다를 뿐이다. 사실 물질에 욕심이 없는 사람이 어디 있겠는가.

돈이든, 생활용품이든, 가전제품이든, 명품이든, 골동품이든… 정도의 차이는 있지만 기본적으로 사람들은 모두 소유욕이 있다. 나 역시 명동을 지나가다가 쇼윈도에 예쁜 구두가 보이면 갖고 싶고, 평소 입고 싶었던 빨간색 트렌치코트가 맘에 들면 좀 비싸더라도 충동적으로 카드를 긁기도 했다. 나에게 꼭 필요한 것은 아니지만, 한때 내 눈에 예뻐 보이면 무조건 사고 보는 습관도 있었다. 작게는 머리핀, 머리띠, 귀걸이 등 액세서리부터 크게는 MP3 플레이어, 디지털카메라 등 다소 비싼 전자제품도 충동구매를 한 적이 심심찮게 있었다. 문제는 그 물건을 요긴하게 계속 사용하느냐이다.

특히 전자제품의 경우는 업그레이드 된 제품들이 쏟아져 나오면서 당시 비싸게 산 제품들이 쓸모없게 되었다는 사실이다. 옷도 당시는 예뻐서 샀는데, 장롱 속에 몇 년 채 걸려만 있고 입지 않은 옷들이 수두룩하다. 이뿐만 아니다. 책상 위에 놓았던 인형과 장식품 등은 더러워지고 식상해졌다는 이유로 버린 것이 많고, 한 번 듣고 장식대 꽂혀있는 CD, 한 번 입은 청바지, 한 번 신고 발 아파서 안 신는 구두 등 '왜 샀는지 모르는' 물건들이 의외로 많은 것이다. 더구나 평소 방치되던 물건들이 이사 한 번 가게 되면 모조리 버리게 된다는 것이다. 그야말로 각종 물건들은 천덕꾸러기 짐만 되어버렸다. 몇 년 전 이사하면서도 안 입는 옷들, 신발, 책, 인형 등 각종 물건들을 버리면서 문득 '만약 이 물건들을 사지 않고, 그 돈을 모았더라면 여행을 몇 번 다녀올 텐데…….' 하는 후회가 들었다.

누구나 소유를 통해 자신을 치장하고 돋보이고 싶은 욕구를 가지고 있다. 그런데 문제는 소유에 집착하여 정작 소중한 것을 지나치고 있다는 사실이다. 나를 치장하고 돋보이게 하는 것이, 진정으로 자신을 위한 일인가 생각해봐야 한다. 어떤 것이 나를 위한 가장 현명한 소비인지 곰곰이 따져보자.

'빈 수레가 요란하다.'는 속담이 있다. 즉, 속은 비어 있으면서 겉만 화려하고 요란하다면 속 빈 '강정'이나 다름없다. 내실 없고 실속 없는 소비는 안 하니만 못하다. '내가 번 소중한 돈을 어디에 쓸까?'라는 생각에서부터 삶의 질이 달라진다. 자신을 꾸미거나 돋보이게 하는 데 쓰는 소비는 한 순간의 만족일 뿐이다. 자신의 겉모습이 아닌, 영혼을 충만하게 하는 것에 소비를 하자. 마음이 충만하고 내면이 풍요로운 것이 가장 실속 있는 투자다. 즉 껍데기보다 알맹이가 알차야 한다. 내면을 충실하게 채울 수 있고 성숙한 인격체로 변화되는 현명한 투자는 '여행'이다. 당신의 영혼에 투자하라. 당신의 정신에 투자하라. 겉치레는 한 순간의 만족이다. 영원히 지속되는 영혼의 투자야 말로, 가장 현명한 삶을 살아가는 방식이다. 내 영혼과 내면이 더없이 평화롭고 풍요로워지는 방법은 '여행'이 유일하다.

옛 고전에서 시대를 풍미했던 위인들의 면면을 살펴보면, 당시에도 진정한 행복의 가치가 무엇인지 깨우쳐주는 사례가 많다. 세월이 흘러도 변하지 않은 가치는 분명 있다.

"간접적으로 알던 것을 체험한 순간, 새로운 삶이 시작되는 것을 느꼈다."

독일의 대문호 괴테Johann Wolfgang von Goethe, 1749~1832는 여행을

많이 다닌 것으로도 유명하다. 시인이자, 소설가, 정치가로 한 시대를 풍미한 괴테. 그에게 있어 여행은 다른 어떤 명예나 부, 지위보다도 자신의 영혼을 사로잡는 가장 강력한 에너지였다.

'새벽 3시에 칼스바트를 몰래 빠져나왔다. 그렇게 하지 않았더라면 사람들이 나를 떠나게 내버려두지 않았을 테니까.'

괴테가 이탈리아 여행길에 오르면서 기록한 글의 첫 대목이다. 그의 37세 생일을 맞아 축하 파티가 한창 무르익던 1786년 9월 3일의 일이다. 새벽녘이 되어 축하객들 곁을 살며시 빠져나온 괴테는 여행 가방과 오소리 가죽 배낭만 간단히 꾸린 채 훌쩍 이탈리아로 떠난다. 그 무렵 괴테는 '젊은 베르테르의 슬픔'을 쓴 작가로, 전 유럽에 걸쳐 문학적 명성을 떨치고 있었다. 명예와 부, 정치적 지위까지 모두 갖춘 그가 이 모든 것을 뿌리치고 어느 날 홀연히 이탈리아로 여행을 떠난 것이다.

괴테의 이탈리아 여행은 정치권에 몸담고 있던 10여 년 동안 자신의 문학적 상상력이 점점 무뎌져간다는 심각한 위기감에서 비롯되었다. 천성이 시인이었던 괴테는 유럽인의 문명과 예술의 원천을 찾아 1년 9개월 동안 이탈리아 전역을 두루 여행하면서 눈과 마음을 열고 새로운 세계를 마음껏 호흡하였다. 이탈리아는 괴테의 유년 시절부터 그의 마음 속 깊이 자리 잡고 있던 동경의 땅이었다. 30대 후반이 되어 시인의 상상력을 옥죄고 있던 숨 막히는 일상으로부터 탈출한 괴테는 로마를 향해 남으로, 남으로 내려갔다.

베로나와 비첸차, 파도바와 베네치아 등이 첫 번째 경유지였고 피렌체, 페루자, 아시시를 거쳐서 1786년 10월 29일, 괴테는 그토록 동경하던 로마에 입성하게 된다. 괴테는 로마에 도착한 이 날을 자신의 '제2의 탄생일'이자 '진정한 삶이 다시 시작된 날'이라고 찬탄할 정도였다. 그동안 부분적이며 간접적으로 알고 있던 것을 직접 바라보고 자신의 체험으로 변화시키는 순간, 괴테는 바로 거기서 새로운 삶이 시작되는 것을 느꼈다.

"일찍이 그림과 스케치로, 동판화와 목판화로, 석고상과 코르크 세공품으로 보아온 것들이 이제 내 눈앞에 즐비하게 펼쳐져 있다. 어디를 가더라도 새로운 세계에서 친숙한 대상과 마주친다. 모든 것이 내가 상상하던 그대로이고, 또한 모든 것이 새롭다."

이 여행은 괴테 자신의 인간적 성숙 과정에서 뿐만 아니라, 독일 문학의 발전 과정에서도 하나의 중요한 전환점을 이룬다. 괴테가 조화와 균형의 고전미에 눈을 돌리게 된 이탈리아 여행 이후의 시기를 문학사에서는 '독일 고전주의' 시대라고 부르기 때문이다. '젊은 베르테르의 슬픔'을 쓴 20대 시절, 질풍노도와도 같은 격정적인 감정을 작품에 담아냈던 괴테는 이탈리아 여행을 통해서 안정과 조화와 질서를 중시하는 고전미에 눈을 뜨게 된 것이다.

괴테는 이탈리아에서 보고 듣고 체험한 내용을 일기와 편지, 보고문 등 다양한 형식의 글로 남겼는데, 이 기록들은 1829년에 3부로 묶여져 '이탈리아 기행'이라는 제목으로 완간되었다. 로마를 떠나면서 남긴 괴테의 말은 여행의 의미와 더불어 삶의 자세를 새삼 되새겨보게 해준다.

"격렬하게 요동하는 대양에서 항구를 향해 노를 저어가고 있다. 비록 등대의 불빛이 이리저리 위치를 바꾸는 것처럼 보일지라도 그 불빛을 날카롭게 주시하면 결국에는 해안에 도달할 것이다. 길을 떠날 때는 언제나 과거의 모든 이별과 미래의 마지막 이별이 무의식적으로 머릿속에 떠오르는 법이다. 살아가기 위해서 우리는 너무 많은 준비를 한다는 말이 이번에는 더욱 절실하게 마음에 와 닿는다."

이 지구상에서 인간의 인생은 아주 작은 일부분에 지나지 않는다. 또 유한한 우리 인생 중에서 가장 빛나는 시기인 청춘은 오직 한 순간일 뿐이다. 이 청춘의 순간을 어떻게 보내야 할지는 이 책에서 누누이 강조했다. 아무리 좋은 말과 교훈도 실천하지 않으면 무용지물이다. 중요한 것은 그것을 실천하느

냐 아니면 그냥 흘리고 마느냐 하는 것이다. 그것은 본인의
마음에 달려있다. 젊음, 한 때의 가장 중요한 시기를 어떻게
보내느냐는 가장 중요한 문제이다. 이제 당신의 선택과 결단
만 남았다.

귀족적인 삶, 영혼이 충만한 삶을 위하여

귀족으로 태어나지 않았는데, 어떻게 귀족적인 삶을 영위할 수 있을까?

답은 간단하다. 당신이 '노블레스 노마드'가 되면 되는 것이다.

필자는 지난 10여 년간 자유기고가로 활동하면서 사회적으로 성공한 명사, 기업인, 인기 연예인 등 많은 사람들을 만났다. 그런데 이중에서 필자가 가장 부러웠던 사람은, 사회적으로 존경받는 유명 인사도 아니고, 사업에 성공한 부자도 아니고, 인기 많은 스타도 아닌, 여행을 많이 다닌 사람들이었다.

예전에 여행사 대표를 인터뷰한 적이 있다. 그가 직업상 가는 여행지 대부분이 우리가 여행지로 가고 싶어 하는 해외의 아름다운 휴양지와 관광지들이다. 즉 고객들에게 좋은 여행 상품 개발하기 위해서 먼저 답사하는 셈이다. 현지에서 여행자들이 즐길 수 있는 해양스포츠나 레저 등 여행 아이템을 찾고 호텔, 음식, 교통 등 불편 없이 즐길 수 있도록 여행하면서 만반의 준비를 한다. 남들보다 앞서 여행지를 선별하고 그곳에 머물면서 여행자들과 똑같이 휴양하고 즐기는 것이다.

필자가 보기엔 정말 세상에서 가장 멋진 직업이라는 생각이 들었다. 그 직업이 마냥 부러웠지만, 그렇다고 생뚱맞게 내가 여행사 사장이 될 수는 없는 노릇이다. 이 책을 읽고 있는 젊은 당신은 그들을 부러워할 필요가 없다. 당신 자신이 그렇게 실천하면 되는 것이니까……. 이 말은, 당신이 여행사를 차리고 여행 작가가 되라는 뜻이 아니다. 정답은 '노블레스 노마드'이다.

당신은 '젊음의 도전과 패기, 그리고 열정'이라는 가장 강력한 무기가 있다. 젊은 시절에 열정과 패기로 도전한다면 못할 일은 없다. 지금 당장, 당신의 가슴을 뛰게 하고 진한 감동을 주는 것을 찾아라. 그것은 두말없이 '세계를 내 품안에 정복하는 것', 바로 '노블레스 노마드'가 되는 것이다.

영혼을 살찌우는 여행을 통해 젊음의 특권을 누려라!

공항에 도착하는 순간부터 여행은 시작된다. 수속을 밟고 입국 심사를 받고 들어가는 과정 하나하나가 여행의 워밍업이라고 보면 된다. 입국 심사대를 통과하면 바로 공항 면세점과 만난다. 첫 여행에서는 모든 것이 다 신기하게 느껴진다. 면세점 역시 마찬가지다. 평소 접해보지 못한 명품들이 면세점 양쪽으로 즐비해 있는데, 내 경우엔 그저 보는 것만으로도 명품이 모두 내 것인 같은 기분이었다. 비행기를 타면 창밖도 한번 내려다보고, 기내식이 나오면 어떤 음식들이 나오는지 보고 꼼꼼히 맛보면서 나름대로 평가해보자. 여행은 출발부터 돌아올 때까지 하나하나 새로운 것을 알아가고 경험하는 과정이다. 어느 것 하나도 놓치지 않고 매 순간 호기심과 열정으로 임하자.

비행시간은 가까운 일본이나 중국처럼 1시간이면 도착하는 곳도 있고 필리핀, 싱가포르, 인도네시아 등 동남아는 보통 4~6시간이 걸리며 멀리 유럽이나 호주, 뉴질랜드, 미국 등은 비행시간이 10시간을 넘는다. 비행시간에 맞게 기내에서 어떻게 시간을 보낼지 미리 준비하는 것도 필요하다. 보통은 책을 읽는 것이 가장 좋다. 비행시간도 여행의 일부분이니 알차게 보내자.

비행기가 공항에 착륙하면 드디어 현지에서의 설레는 첫 여행이 시작된다. 공항에 도착해 만나는 낯선 그곳의 첫 느낌을 만끽하라. 첫사랑의 설렘처럼, 첫 키스의 짜릿함처럼 첫 느낌의 순간을 소중히 간직해보자. 도시적인 세련미와 화려함이 느껴지거나 혹은 낙후되고, 깨끗하지 못하거나…, 또는 춥거나 무덥거나, 바람이 불거나 쾌적하거나……. 선입견을 가지지 말고, 있는 그대로 그곳의 상황 자체를 즐기라는 것이다.

덜컹덜컹 버스가 시골 길을 다녀도 가난한 풍경 자체가 나에게는 새로운 경험이자, 하나의 경이로움이었다. 세련되고 멋지고 아름다운 유명 관광지만이 좋은 여행지가 아니다. 잘 사는 나라든, 못 사는 나라든, 깨끗한 곳이든, 지저분한 곳이든, 그것 자체는 중요하지 않다. 경험해보지 못한 새로운 세상을 체험한다는 것, 낯선 장소, 그 시간에 내가 발을 딛고 있다는 것, 그리고 낯선 곳에서 보고 느끼고 호흡하며 소통한다는 것이 중요하다. 파리의 명품 매장 등이 즐비한 상젤리제 거리나, 필리핀의 낡은 집들이 즐비한 좁은 골목 모두 여행자에게는 새로운 깨달음을 준다. 중요한 것은 현재 내가 그곳에, 그 자리에 있다는 사실이다. 그 공간을 온 몸으로 느끼고 호흡하면서 그 순간을 경험하고 즐기면 된다.

예전에 필리핀 바탕가스 지역으로 4박 5일간 여행을 떠났다. 해변가 절벽에 붙어있는 작은 리조트에 묵으면서 방 통유리창을 통해 석양을 하염없이 바라보았던 기억, 낚시 배를 타고 처음으로 줄낚시를 해보면서 막판에 '니모(만화영화 [니모를 찾아서]에 나오는 물고기 이름)'처럼 생긴 알록달록한 예쁜 물고기를 잡았을 때의 신기함, 모터 배를 타고 물길을 가르며 도착한 작은 섬에서 한 가득 차려진 현지 음식을 먹고 섬에 있던 그네를 탔던 순간이 행복한 추억으로 남아 있다.

마지막 날에는 수십 년 전 화산이 터졌던 깊은 산악 지대를 트레킹한 후 온천을 했다. 뜨거운 물에 몸을 담그고 화산의 검은 모래로 온 몸을 찜질하며 피로를 풀었다. 샤워를 하고 새 가운으로 갈아입고 넓은 야외 대청마루에서 마사지를 받았는데, 그때의 기분은 세상을 다 가진 기분이었다. 그 순간만큼은 여왕이 따로 없었다. 정말 귀족이 된 느낌이었다. 마치 나를 중심으로 세상이 돌아가는 것 같은 특별한 경험이었다.

그리고 필리핀 여행에서 '천국에 대한 느낌'을 경험했다. 일행은 버스를 타고 가다 스타벅스 커피매장에 들러 아이스커피를 샀다. 그곳 스타벅스는 우리나라보다 커피 값이 무척 저렴했다. 평소 커피를 좋아하는 나로서는 아주 그곳에 눌러 앉고 싶을 정도였다. 아이스커피를 들고 다음 여행지를 향해 버스를 탔다.

모두들 몸이 나른해지고 기분이 좋아서일까. 일행 중 한 사람이 앞에 나가 재미있는 이야기를 한다. 다들 한 바탕 웃으며 오후의 여유를 만끽한다. 그러다가 그 사람이 이런 질문을 던졌다.

"여러분이 생각하는 천국은 어떤 모습입니까?"

앞에 앉은 사람부터 한 명씩 이야기했다.

"초록의 산 아래 파란 바다가 끝없이 펼쳐져 있고, 그 바다가 보이는 예쁜 리조트에서 사랑하는 사람과 함께 있다면, 그곳이 바로 천국 같아요!"

현재 우리가 여행하고 있는 중이라 그런지, 대부분 여행에 대한 이야기가 많았다. 내 차례가 돌아왔다. 내심 어떤 멋진 말을 할까? 고민이 됐다. 그때 내 대답은 대충 이러했다.

"지금 필리핀의 어느 작은 마을에서 트래킹을 한 후, 이렇게 버스를 타고 작은 산길을 달리면서 커피를 마시고 있는, 지금 이 순간이 저에게는 바로 천국이 아닐까 합니다!"

그렇다! 나에게 있어 천국은 꿈속에서나 상상하는 그런 곳이 아닌, 지금 내가 너무도 행복하게 즐기고 있는 그 순간이었다. 나는 이런 순간순간의 행복한 기분을 여러 번 느꼈다. 그런데 이런 기분은 일상에서는 거의 느끼지 못하고, 여행 중일 때 많이 느꼈다. 즉 여행 중일 때 나는, '내가 이 세상에서 생생하게 살아 숨 쉬고 있다'는, 존재감을 강하게 느낀다.

사실 천국이라는 것은, 우리가 잡을 수 없는 실체 없는 것이 아니다. 즉, 우리의 상상 속이나 꿈에서만 존재하는 막연한 곳이 아니다. 내 심장이 쿵쿵 뛰고 마구 설레고, 내 영혼이 평화롭게 안식을 누리는 그곳, 그 순간이 바로 천국인 것이다.

행복을 찾는 일이 우리 삶을 지배한다면, 여행은 그 일의 역동성을 그 열의에서부터 역설에 이르기까지 그 어떤 활동보다 풍부하게 드러내준다. 여행은 비록 모호한 방식이기는 하지만, 일의 생존 투쟁의 제약을 받지 않는 삶이 어떤 것인가를 보여준다.

알랭 드 보통의 여행 에세이 '여행의 기술'에는 이런 말이 나온다. 즉, 행복을 찾는 일은, 여행을 통해서 더욱 가까워지고 뚜렷하게 느낄 수 있는 것이다.

사람은 아무래도 환경의 영향을 받을 수밖에 없다. 그런데 환경의 '소용돌이' 안에만 빠져 있으면 정작 자신의 실체를 제대로 파악하지 못한다. 그래서 평소와는 다른 환경, 낯선 환경 속에 자신을 던져보라는 것이다. 전혀 다른 환경 속에 자신을 내던지다 보면, 자신이 현재 어떤 상태에 있으며, 어디로 가고 있는지 파악할 수 있다. 휴가나 짬을 이용해서 낯선 곳으로 향해 나가가라. 장기 휴가를 낼 수 있는 사람은 해외로 떠나라. 우물 안에서만 살고 있으면, 시야가 좁아질 수밖에 없다. 그동안 당연하다고 생각했던 것들이 우물 밖을 벗어나면 꼭 그렇지 않다는 사실, 즉 고정 관념과 편견을 깨뜨리게 된다. 그것은 바로 넓은 세상 속에 나를 던져 놓는, 여행을 통해서 가능하다.

어느 날 문득 긴 여행을 떠난 무라카미 하루키는 "어딘가에서 들려오는 북소리를 듣고 떠나지 않고서는 도저히 견딜 수가 없었다."고 말했다.

가슴 속 밑바닥에서부터 울리는 북소리. 그가 들은 북소리는 자신의 가슴에서 간절히 원하는 그 무엇이었다. 그렇다면 지금 당신의 가슴 밑바닥에서 울리는 북소리는 무엇인가. 가만히 눈을 감고 생각해보자. 내 가슴이 요동칠 만큼 간절히 원하는 것이 무엇인지…, 일상의 버거운 삶을 뒤로 하고 내 영혼이 자유롭게 숨 쉴 수 있는 곳이 어디인지…….

여행이란, 단순히 일상에서 탈출하는 것이 아니다. 나를 둘러싼 환경에서 벗어나 전혀 다른 새로운 세상에서 '나'를 만나는 하나의 통로이다. 또한 넓은 관점에서 세상을 바라보면서 에너지를 가득 충전해서 일상으로 돌아오게 하는 힘이다. 여행은, 나를 단련시키며 나를 긍정적으로 변화시키며, 나아가 충만하고 멋진 삶으로 살아가게 하는 에너지를 선사한다. 그래서 여행의 매력에 빠지다 보면, 쉼 없이 돌아가는 엔진처럼 멈출 수 없게 된다.

"어떻게 사는 것이 가장 현명한가?"

"당신은 진정 무엇을 하고 싶은가?"

내가 진짜 원하는 것이 무엇인지, 또 진정 하고 싶은 것은 무엇인지 생각해보자. 사실 청춘의 한 날은 방황하는 시기이다. 이때는 삶의 방향이 뚜렷하지 않고 향후 진로에 대해 모색하는 시기이다. 어쩌면 이 시기는, 사회적인 틀에 갇혀 현실이 조종하는 대로 휩쓸려가기 쉽다. 나약한 청춘은, 이러지도 저러지도 못하는 사이에 소중한 시기를 표류하면서 보내게 된다. 어느 시기보다 정신 바짝 차려야 한다.

청춘은 무한한 자유가 보장되어 있는 시기이다. 하지만 진정으로 그 자유를 누리고 있는 젊은이는 몇 명이나 될 것인가. 진정한 청춘의 자유는 그것을 깨닫고 실행하는 자만이 누릴 수 있는 특권이다. 그것은 오로지 내 영혼이 무한히 자유롭고 풍요로워지는, 여행을 통해서만 가능하다.

바로 지금, 당신의 마음이 향하는 것은 무엇인가. 이제까지 애써 억누르고 있던 것을 끄집어내자. 그리고 현재 처한 현실과 딛고 있는 공간에서 과감히 탈출하자.

이는 당신이 젊을 때, 지금 바로 실현해야 한다.

빛나는 청춘이여, 떠나라! 그대는 이제 진정한 노블레스 노마드로 한 걸음 다가섰다.

작가 소개

허주희 (許周熙)

지난 10여 년 간 월간지, 사보, 웹진 등 다양한 매체에서 자유기고가로 활동했다. 그동안 사회 각 분야의 명사 인터뷰 및 여행지 등 다양한 삶의 현장을 취재하면서 감성이 묻어나는 글을 써왔다.

"인생에서 가장 소중한 것이, 자신의 존재감을 느낄 수 있는 생생한 경험"이라는 저자는, "가장 빛나는 시기를 보내고 있는 청춘들에게 꼭 필요한 것은 '여행'이며, 여행을 통해서 살아 숨 쉬는 환희와 감동을 누리기 바란다."고 말한다.

저서로는 『우리 시대 최고의 리더 16명이 들려주는 나의 삶, 나의 아침』(황금물고기, 2005년), 『맨 주먹으로 성공한 대박기업 대박가게』(황금물고기, 2005년), 『자유도 얻고 돈도 버는, 자유기고가로 먹고 살기』(왓북, 2011년)가 있다.

블로그 : http://cutyheo.blog.me
(꿈을 펼치는 자유기고가 & 여행 작가)

떠나라!
청춘아

진정한 **노블레스 노마드**를 꿈꾸며…

초판 1쇄 발행 2011년 9월 9일

지 은 이   허주희
펴 낸 이   최규학

진   행   고광노
본문디자인   초심디자인
표지디자인   Betty boo
마 케 팅   전재영

임 프 린 트   체온365
발 행 처   도서출판 ITC
등 록 번 호   제8-399호
등 록 일 자   2003년 4월 15일
주   소   경기도 파주시 교하읍 문발리 파주출판도시 535-7 307호
전   화   031-955-4353(대표)
팩   스   031-955-4355
이 메 일   chaeon365@itcpub.co.kr

인   쇄   해외정판사
용   지   신승지류유통
제   본   춘산제본

ISBN-13   978-89-6351-030-9 03040
ISBN-10   89-6351-030-1

값 10,000 원

www.itcpub.co.kr